ジェンダーで学ぶ メディア論

林 香里・田中東子［編］

r Perspective

世界思想社

目次

第Ⅲ部　マスメディア、ジャーナリズムとジェンダー

第Ⅳ部　メディア文化とジェンダー

コラム

序章　ジェンダーの視点からメディア論を学ぶ

1　なぜジェンダーの視点なのか？

本書は、メディアやジャーナリズムをめぐる諸テーマと課題について、ジェンダーという視点からわかりやすく論じている。「メディア」や「ジェンダー」などの言葉に初めて触れる読者や、「メディア論」や「ジェンダー論」といった授業を受けたことのない学生にも理解できるよう、すべての章で身近な事例を取り上げつつテーマについて解説しているのが第一の特徴である。

今日の社会において、もはやメディアなしでは生活が成り立たないと言えるほど、メディアは重要な役割を果たすようになった。それは、これまで情報の伝達や通信機能を果たしてきた新聞やテレビ、電話などといった伝統的なメディアに限った話ではない。デジタル技術が発達・普及したことによって、今日のメディアは単に通信や放送、コミュニケーションの手段であることを超えて、私たちの日常生活そのものに入り込んでいると言えるだろう。

たとえば、写真の撮影や電車の乗り降りのとき、銀行とのやり取りや商品の売り買いの際、重要なデータの蓄積やそれらをやり取りする必要が生じたときなど、今や社会生活の多くの局面でメディアが情報と人々との間を仲立ちするようになっている。

総務省の『令和三年　通信利用動向調査』によると、二〇二一年には世帯のモバイル端末普及率が九七・三%となり、若い世代だけではなく高齢者にいたるまで、そして男女の別なく日本に住むほとんどすべての人がモバイル端末などを利用してネットワークでつながれた情報を受け取り、自ら発信もしている状態である。したがって、情報機器の使用は日常化し、私たちはあふれかえるデータや情報に囲まれて暮らすようになったと言える。そのような日常のなかで、自分たちを取り巻いている「メディア」というものについて、私たちはどのくらい真剣に考えることができているだろうか。

本書は、こうしたメディアの日常性という地点に立脚しつつ、さらに「ジェンダー」という視点からメディアについて学ぶところに第二の特徴がある。なぜなら、私たちを取り囲んでいる情報が誰によって、どのように作られているのか、メディア組織や情報産業とはどのようなものなのか、私たちは実際のところ、どのようなニュースや情報を、どこから得て、どのように利用し、さらに今日ではそれらを消費するだけでなく、どんなふうに発信もしているのか、といったメディアの仕組みや機能や構造に関わる疑問について考えてみる場合に、そこにはつねにジェンダー的な不均衡が隠されているからだ。ジェンダーという概念は、メディアについて考える際に、もっとも身近な事例となる。つまり、理解の「しかけ」であり「きっかけ」として使う――これが本書の一貫した特徴となっている。ジェンダーの視点からメディアについて学ぶことによって、私たちは個人の理想や夢や希望、ひいては社会のあるべき姿について新たな地点から構想してみることができるようになるはずだ。

さて、書店や図書館で探してもらえばわかるように、これまでにも数多くのメディア論の教科書が刊行されてきた。「そうした蓄積があるにもかかわらず、どうして本書を編纂することにしたのですか?」——もしそんなふうに尋ねられたら、私たちは「すべての章で、ジェンダーの視点を取り入れることが必要と考えたからです」と答えることだろう。しかし、これまでに刊行された数多くのメディア論の教科書では、ジェンダー、あるいは女性に関する章は、多くの場合、後半の方に一章分だけ設けられているというような、周縁的な扱いに過ぎなかったのである。

そもそも、日本の高等教育では、「女性」「ジェンダー」「多様性」といった概念は現在においてもまだ主流のテーマにはなっておらず、取り残された課題となっている。メディア論の領域でも例にたがわず、ジェンダー概念からメディアについて考える体系的な教科書はいくつかの例外を除いては刊行されていない。つまり、メディアに関する世界では、そもそも調査対象としての「メディア業界」がジェンダー不平等な構造になっているだけでなく、「メディア論」や「メディア研究」においても、男性の側から見た世界観、つまり社会の半分側からしか見ていない世界観を、あたかもそれがすべてであり全体像であるかのように考え、拡大、発展してきたと言えるのだ。

しかし、そうであるからこそ、ジェンダーの視点は情報化社会の構造、ひずみ、課題を考察する際に用いるべき優れた拡大鏡となり、現代の情報化社会が抱える諸課題の所在を案内するナビゲーターになりうるのではないだろうか。たとえば、差別的な視点を含むCMに対するネットでの「炎上」や、「Twitter によるヘイトスピーチやミソジニックな投稿、蔓延するフェイクニュース、あるいはアイドルやファン文化などは学生たちにも身近な話題だが、こうしたことは「ジェンダー」というレンズを通して見てみることで、あらためてその商業主義や権威主義、男性中心の嗜好とそれらへの対抗的な行為などがはっきりと浮かび上がるようになり、メディア特有の問題の諸相が明らかになっていくだろう。

また、ジェンダー論の側から見ても、本書のようにデジタルメディアやジャーナリズム、ポピュラー文化からサブカルチャーにいたるまで、複数のジャンルを横断してメディア企業のあり方、あるいはメディア利用について問いかける本は、これまで十分に刊行されてきたとは言いがたい。その意味でも、本書はジェンダーの視点からメディアを学ぶと同時に、メディアの諸課題を具体的事例としながらジェンダーの問題について学ぶための最適な教科書であると言えるだろう。

2 「メディア」とは何か、「ジェンダー」とは何か

本書において重要な言葉のひとつめは「メディア」だ。本書において、「メディア」として研究の対象としているのは、主に「マスメディア」と「デジタルメディア」の二つに分けられる。

マスメディアは、相対的により多くの匿名のオーディエンスに情報やメッセージを届けるための機構として考えられ、新聞、雑誌、テレビ、音楽、映画などを含んでいる。マスメディアにおいて、情報の生産者／送り手と、情報の消費者／受け手は、ある程度、分離されていて、情報やメッセージはどちらかといえば、情報の送り手から受け手に向けて一方向的に流通されるものとして考えられてきた。しかし、この数十年の間に、マスメディアが中心を占めていたメディアの世界は社会的にも技術的にも大きく変化したと言えるだろう。

現在、「メディア」としてもっとも活用されつつあるのは、デジタルメディアだ。デジタルメディアは、それまで個々バラバラのデバイスを使用して流通していたさまざまな情報（文字、音、写真、映像な

ど）を変換可能なデジタルデータに加工することで、コンピュータを経由して瞬時に大量の情報を流通させることを可能にした。さまざまなデバイスに分かれていたそれまでのメディアは、たとえば電話・カメラ・映写機・財布・手帳などをひとつにまとめたスマートフォンのように、ひとつのインターフェイスとして融合し、それまでは比較的分離され、それぞれの位置を占めてきた情報の送り手と受け手を混在させるようになったのだ。

デジタルメディアの技術が登場したことによって、私たちを取り巻くメディア産業、メディア文化は大きな転換期を迎えている。本書では、この大きな変化についても目配りしながら、メディアとジェンダーの新しい関係について考えていくことを課題としている。

もうひとつの重要な言葉である「ジェンダー」については、すでに新聞やテレビでも目にすることが多くなり、学術的な言葉であることを超えて、ある程度、一般的な言葉として流通しているようにも思われる。しかし、この言葉の定義について、読者のみなさんはどのくらい深く理解しているだろうか。

ジェンダーという言葉は、生物学的な観点から私たちに与えられている性別（それはほとんどの場合、「女性」と「男性」という二分化された「性別」であることが多い）と結びつけられ、社会的・文化的に構築された振る舞いや身振り、行動や役割を通じて、「女らしさ」や「男らしさ」を諸個人が内面化していくパフォーマティブなプロセスのことを示す言葉である。

この言葉のもとになったのは、フランスの哲学者であるシモーヌ・ド・ボーヴォワールの『第二の性』（Beauvoir 1949=2001）のなかにある「人は女に生まれるのではない、女になるのだ」という重要なフレーズだ。この主張を発展させたのが、アメリカ合衆国の哲学者であるジュディス・バトラーである。

バトラーによると、「ジェンダー」という概念は、規範的で、性別化された役割を求める社会の側からの期待や欲望やまなざしのなかで、私たち一人ひとりの人間が、外見や振る舞い、心的なものを含めて、ある性別を帯びた人間になっていくプロセスを示すものである（Butler 1990=1999）。では、この「規範的で、性別化された役割」を私たちに求めてくるものは、何なのだろうか。

たとえば、家庭生活における両親や学校生活におけるクラスメートたちの存在は、ある特定の「女らしさ」や「男らしさ」といった性別化された役割をつねにすでに私たちに求めてくる代表例であると考えられる。しかし、それ以上に私たちの外見や振る舞い、心的なものも含めて私たちに性別化された役割を示し、求め、押し付けてくる社会的な構造が他にもある。それは、メディアである。実際に、メディアの表象とそれが作り上げる文化、そして同時に、メディアの表象や文化を生み出すメディア組織や制度は、長い年月をかけて私たちの社会にはびこる規範化されたジェンダー観を生み出し、練り上げ、従うよう呼びかけ続けてきたと言えるだろう。

しかも、メディアが私たちに呼びかけてくるのは、規範化されたジェンダーに関するものだけではない。本書のいくつかの章でも言及されているように、メディアとそれが生み出すイメージや文化は、セクシュアリティについても、異性愛（ヘテロセクシュアル）を規範的なものであるかのように考え、私たちにそれを内面化するよう呼びかけ続けているのだ。

3　本書の構成

本書は四部一三章から成り立っている。

第Ⅰ部「メディアの思想とジェンダー」は、メディア論の基礎ともいえる「表現の自由」「公共性」「表象の権力」という三つのテーマについて、その思想的背景や基本的な用語の解説を含めて学ぶことのできる内容になっている。現在ではマスメディアだけでなくＳＮＳの言論空間のなかでも論争を招いているこの三つのテーマを、ジェンダーや多様性の視点から検討すると、これまで見えていなかった問題が明らかになる。

第１章「表現の自由」では、今日、マスメディアだけでなくＳＮＳの言論空間のなかでも頻繁に言及されるようになった「表現の自由」が、基本的人権として重要であることを確認していく。第２章「メディアと公共性」では、近代民主主義を支えてきた「公共性」および「公共圏」の概念について、ユルゲン・ハーバーマスの定義を学び、しかし、その概念にはジェンダーおよびダイバーシティの視点が欠如していることを検討する。第３章「メディアと表象の権力」では、メディアのイメージや意味を構成している「表象」の定義について理解し、その影響力について検討する。

第Ⅱ部「インターネット空間とジェンダー」では、私たちの日常生活のなかでより存在感を増しつつあるインターネット空間について、ＳＮＳの言論空間における「政治」「産業」「文化」の三つの領域から検討していく。本書を手に取ったみなさんはすでにデジタルメディア時代のなかで生活していると思われるが、そのなかで民主主義は今どのようなものになっているのか、ネットにあふれる膨大な情報はＡＩ／アルゴリズムによってどのように取捨選択されているのか、ＳＮＳやアプリの使用を通じてスマホに接触しつづけてしまうことでどのような問題が生じているのか、といった点について学習できるだろう。

第4章「SNSと政治」では、SNSの登場によって伝統的なメディアの影響力や信頼が落ち込み、マスコミ以外の情報の回路が生まれたことで、政治とメディアの関係を揺るがしつつも女性やマイノリティが声を上げやすくなるなど、さまざまな可能性が出てきたことを検討する。第5章「巨大IT産業」では、コミュニケーションのプラットフォームを提供するIT業界の問題点や、ネットにあふれる膨大な情報の取捨選択過程にひそむバイアスを明らかにする。第6章「消費文化とブランド化」では、私たちがなぜSNSやアプリの使用などを通じてスマホにつながり続けてしまうのか、新たに生じている構造についてジェンダーの視点から考えていく。

第Ⅲ部「マスメディア、ジャーナリズムとジェンダー」では、長い年月にわたって、行為者も研究者もともに男性が中心となって編制されてきた「マスメディア」と「ジャーナリズム」という「メディア論」の最重要テーマについて、ジェンダーの視点から切り込んでいる。ここでは、従来型のマスメディアのなかで男性中心的なジャーナリズムが展開され、そのような組織体制のもとでジェンダーアンバランスな番組が制作されていったこと、そのようなコンテンツからオーディエンスはどのように影響を受けるのか、メディアをとりまく「送り手」と「受け手」の双方に目配りしながら論じられている。

第7章「マスメディア」では、第四の権力と呼ばれたマスメディア、特に新聞と放送メディアに注目し、きわめて男性中心的なジャーナリズムが展開されてきたこと、しかし、ジェンダーの視点からこれら男性中心のジャーナリズムへの批判が登場し、男性中心のメディア企業文化も変わりつつあること理解する。第8章「ニュースとは」では、第7章で見てきたような男性中心の企業文化の下で、私たちが普段見ているテレビのニュース番組やインターネットのニュース報道に見られるジェンダーをめぐるアンコンシャス・バイアスがどのように生み出されていくか、具体的な事件報道を取り上げながら検証していく。第9章「メディアを使う」では、前の二章とは打って変わり、オーディエンスの視点から、メディアとジェンダーの問題に切り込んでいく。

第Ⅳ部「メディア文化とジェンダー」では、近年、ますます「多様性」「公正性」「包摂性」が重要な課題となりつつある文化という側面から、メディアとジェンダーに関するさまざまな領野について検討していく。思想的側面からメディアを考える第Ⅰ部、デジタルメディア時代に焦点を当てた第Ⅱ部、従来型のマスメディアについて問い直す第Ⅲ部とは異なる、メディア文化のサブジャンルの視点からメディアについて考えるのがこの第Ⅳ部ということになる。

第10章「サブカルチャー論」では、男性中心に語られてきたサブカルチャーの領域で、女性たちがいかに不可視化され語られてこなかったかという点を踏まえ、日本の女性たちのサブカルチャーに一貫して潜んでいる抵抗的な側面を見つけ出していく。第11章「ファンカルチャー論」では、韓流ブームのなかでも特にK-POPのファン文化を手掛かりに、コミュニティとしてのファン文化のありかたを分析し、ファンの女性たちがさまざまなメディア技術を使いつつ、男性中心文化のなかで抵抗し、エンパワメントの契機としていることを明らかにする。第12章「セクシュアリティとメディア」では、メディア表象をセクシュアリティとジェンダーが複雑に絡みあった表現の場であるととらえ、女性表象と性的マイノリティの表象やBLを題材に分析していく。第13章「エスニシティとメディア」では、主流のメディアに対して、エスニック・グループの人たちが自らのアイデンティティに基づきつつ、排除や抑圧に対抗し、平等なエスニック関係を築くための重要なメディア実践の事例として、台湾のエスニック・

メディアに着目する。そこで重要になるのが「インターセクショナリティ」の視点である。

さらに、各部には、それぞれのテーマを読者にとってより身近なものとして感じ、考えるための手掛かりとしてもらうために、コラムをひとつずつ入れてある。コラムの執筆は武田砂鉄さん、石川優実さん、小島慶子さん、松岡宗嗣さんの四名。いずれも、メディアとジェンダーの問題について鋭い視点から切り込み、メディアを使ったフェミニズムやＬＧＢＴＱの活動に積極的に携わってきた方々だ。どの章から読もうかと迷う場合には、まずコラムに目を通してみるのも良いだろう。

いずれにせよ、冒頭で述べた通り、本書は「メディア」あるいは「ジェンダー」に関心のある読者に向けて、これまでの研究の蓄積を踏まえ、ジェンダーという視点からできるかぎり網羅的に「メディア論」について学ぶことができるよう構成されている。また、各章の著者たちはジェンダーの視点を取り入れたメディア論こそがメディア研究のさらなる発展を促すと考えているので、そのあたりをぜひ学習してほしい。それぞれの章末には、内容について関心をもち、さらに深く勉強したい読者に向けて、基本文献を紹介してある。提示された本にも手を伸ばして、ぜひさらなる探究へとつなげていってほしい。

本書が、「メディア」について学びたい人たちの最初の一冊となり、その先へと進んでいきたいと考える人々の未来を示す道しるべとなることを、執筆者一同、心から願っている。

（田中東子）

第Ⅰ部 メディアの思想とジェンダー

1　表現の自由
——なぜフェミニズムの議論は表現の自由と緊張関係を持つのか

＊本章のキーワード＊
表現の自由　思想の自由市場　性差別表現　ヘイトスピーチ

1　表現の自由とジェンダー

この章では「表現の自由」という基本的人権について、ジェンダーの視点から見えてくる問題を考察しよう。「表現の自由」は言うまでもなく、人々が自らの思想や信条を政府による制約を受けずに表明するための、もっとも重要とされる基本的人権のひとつである。日本では憲法二一条に、「一、集会、結社及び言論、出版その他一切の表現の自由は、これを保障する。二、検閲は、これをしてはならない。通信の秘密は、これを侵してはならない」と定められ、人々が自分の思想や信条をさまざまな手段を通じて公に表明でき、また何を表明しないかを決めることができることが憲法上の権利として保障されている。

表現の自由がなぜ重要な権利であるのかについては、一般に二つの観点から説明される（芦部 2019）。第一に、個々人が自分自身の思想や信条を明確にし、また他者の思想や信条に触れ、それによって人格を発展させ自律的な人生を歩むという、広い意味での自己実現にとって重要であるという個人的価値の観点である。自分の考えを自由に表明することができなかったり、他者の多様な考えに接することができなかったりする社会では、そうした自己実現は困難なものとなってしまうだろう。

第二に、表現の自由は民主主義にとって重要であるという社会的価値の観点である。民主的な政治を実現するためには、主権者である国民が自らの考えを表明し、また他者の考えに耳を傾け、より良いと思う政策を選択できなければならない。逆に、時の政権によって都合の良い考えだけが表明を許され、政権に批判的な考えの表明が許されなければ、情報に偏りが生じ、国民は主権者として自律的な意思決定をすることができなくなってしまうだろう。

この観点はまた、何が「正しい」ことなのか、あるいは何が「善い」ことなのかは人々の自由な議論によって決められるべきだという考え方ともつながっている。誰もが自由に自分の考えを表明することで、対立する考え方のどこに違いがあるのか、より良い考え方は何なのかを人々が十分議論できるようにしておくこと、これこそが「真理」にいたる最善の道だという考え方である。そのためには、どんな見解であれ、政府はその表明を禁じるべきではない。こうした考え方は「**思想の自由市場**」と呼ばれている。

このように、表現の自由は個人および社会の成り立ちにとってきわめて重要なものだと考えられるため、憲法上の権利のなかでも特に強い保障が与えられている。それは経済的自由のような他の人権よりも手厚く保障されるべきであるとされ、表現の自由を制約する法律に対しては、より厳しい違憲審査の目が向けられる。こうした考え方は表現の自由の「優越的地位」あるいは「二重の基準」論と呼ばれている（阪口 2017）。これによって、表現をその内容において規制する法に対しては原則として憲法違反であるという推定が働き、立法目的が「やむにやまれぬ必要不可欠な公共的利益」に基づくものであり、規制の手段がその目的に照らして最小限度でなければならないという「厳格な審査」が行われることになる（それに対して表現の内容に中立的な規制、たとえば表現の場所、時間、方法を規制する法についてはより緩やかな審査でよいとされる）。

他方でジェンダーの観点から見た場合、こうした表現の自由の重要性には一定の留保がつけられることが多い。というのも、表現の自由による保護は女性や性的マイノリティに対して差別的な表現にも及ぶ。ある表現の差別性を理由とした規制は内容規制となるため、違憲審査のハードルが高い。それゆえ表現の自由を厳格に保護しようとすればするほど差別的な表現はより広く流通することになり、その表現によって抑圧を被る人々は苦しむことになる。表現の自由の価値は、果たしてそうした状況を防ぐことよりも優先すべきものなのだろうか。こうした問題意識について理解するためには、そもそも表現の差別性とはどのようなものか、またそれが表現の自由という価値とどう関わるのかを考察しなければならない。本章ではいくつかの事例からこの点を考えたい。

2 「わいせつ」表現と性差別表現

表現の自由が現に法的に制約されている表現のひとつに「わいせつ表現」がある。日本では刑法一七五条にわいせつ物頒布等罪が定められ、「わいせつな文書、図画、電磁的記録に係る記録媒体その他の物」を頒布（広く配ること）または公然と陳列した者に対して二年以下の懲役または二五〇万円以下の罰金が科される。ここでいう「わいせつ」とは、小説『チャタレイ夫人の恋人』の翻訳者と出版社が刑法一七五条違反に問われた一九五七年の判決以来、「いたずらに性欲を興奮または刺激させ、かつ、普通人の正常な性的羞恥心を害し、善良な性的道義観念に反するもの」とされている（最大判昭三二・三・一三）。

では、なぜわいせつ表現については法的な規制が合憲とされるのだろうか。この点について従来は、わいせつ表現はそもそも憲法二一条が保護する「表現」の範疇に入らないと考えられてきたが、近年ではわいせつ表現も憲法の保護を受けると考えたうえで、刑法が保護する利益（保護法益）との比較衡量《こうりょう》のうえで最低限の規制が認められるという考え方も有力になっている。刑法一七五条の保護法益は、通説では「健全な性的風俗、性道徳」という社会の利益（社会的法益）であると考えられている。したがって、社会における性についての考え方や性のあり方を守ることと表現の自由の価値とを比較して、前者の利益を重く見るがゆえに規制が認められているということになる（ただ実際には、そのような比較衡量がきちんと行われているかどうかについては疑問視する見解もある（志田 2017）。わいせつ表現の規制には原則として違憲の推定が働き厳格な審査が行われなければならないはずだが、実際にはそうした審査が行われているわけではないと言われている）。

他方でジェンダーの観点からは、「わいせつ」表現を含む性的な表現はどのようにとらえられるだろうか。ここではフェミニズムにおけるポルノグラフィ批判の議論からその点を確認しよう。フェミニズムにおけるポルノグラフィ批判の代表といえば、キャサリン・マッキノンとアンドレア・ドウォーキンの議論である（MacKinnon 1987=1993）。

マッキノンたちの議論の要点は、「わいせつ」という考え方ではポルノグラフィの「性差別」性をとらえることはできない、というものであった。アメリカでは一九七三年のミラー対カリフォルニア州事件（ポルノ広告の頒布が表現の自由によって保護されるかが争われた事件）において、連邦最高裁が「わいせつ表現は表現の自由によって保護されない」と判断した判決以来、「わいせつ」とは「平均的な人」が「コミュニティの基準に照らして」見たときに、全体として「好色的な興味に訴えると思うもの」、「あきらかに淫らなやり方で性的行為を描写するもの」、「まじめな文学的、美術的、政治的、もしくは科学的な価値を欠いているもの」とされてきた。

それに対してマッキノンたちによれば、ポルノの問題点は「わいせつ」であることにあるのではない。それは女性に対して差別的であることが問題なのである。マッキノンたちが挙げるポルノグラフィの問題点は、制作現場における望まない撮影の強要や、夫婦間や恋人間でのポルノの視聴や模倣の強要などさまざまであるが、なかでも議論の焦点になったのは、「ポルノグラフィが人々の女性観を作り上げる」という問題だった。ポルノグラフィのなかではしばしば女性の胸や尻などの性的な身体部位が焦点化され、女性はその部位にのみ価値があるかのような描き方をされる。あるいは性的暴行において女性が快楽を感じているかのような描き方がされる。こうした描写は、女性を性的な客体へと貶めるものであるがゆえに女性差別的であるというのがマッキノンたちの考えである（第12章）。表現物における女性の「性的客体化」というこの考え方は、フェミニズムの議論のなかで今でも重要なものとされ発展的な議論が続けられている（Nussbaum 1995）。

こうした考え方は、性的な表現を「わいせつ」という概念とは異なった社会的文脈においてとらえるものである。この社会のなかで女性はしばしば性的な自己決定権を無視され性的客体としてのみ扱われることでレイプやセクシュアル・ハラスメントの被害を受ける。マッキノンたちの訴えるポルノグラフィの被害は、ポルノがそうした女性の「性的客体化」という現象の一部である（たとえば制作現場での撮影強要は同時にレイプの被害でもある）と同時に、そうした女性観の表現が性暴力被害の認識や告発を難しくしているという認識のもとで提示されている。また、結論については論争的であるが、性暴力をエロティックに描写するポルノグラフィが現実の性暴力の要因となるのではないかという議論もある。こうした認識は、単に表現が「みだら」であることが問題だというわいせつ概念によっては生まれてこない。「女性差別」という主張は、女性がこの社会のなかでどう扱われているかという広い文脈に目を向けさせ、そこから性的表現の問題をとらえるよう求めるものなのである。

しかしながら表現の自由との関係で言えば、性的表現の問題は「わいせつ」ではなく「女性差別」にあると主張することで法的な規制が通りやすくなるわけではない。むしろ逆である。ある表現の性差別性によって法規制を行おうとするならば、それはやはり内容規制であり、したがって「わいせつ」という伝統的な法的概念に頼れなくなるぶん、規制を正当化するハードルは高くなる。実際、インディアナ州インディアナポリス市では女性を性的に客体化するようなポルノグラフィに対して出版差し止め命令を求めることを可能にする、マッキノンたちの考えに基づいた立法が行われたが、連邦最高裁では違憲の判決を受けることになった。

このように、性的表現と「表現の自由」との関係は、「わいせつ」か「女性差別」かという観点の違いによって異なったふうに見えてくる。女性差別的な性的表現が「表現の自由」によって過度に保護されており性暴力の認識や告発が困難になっているという主張は、「わいせつ」表現を規制すべしという主張と同じではない。したがって、「わいせつ」と言われるような表現であっても「性差別的」ではないものもありうることになる。たとえば女性を性的に客体化するのではなくその主体性を積極的に描いたり、異性愛以外の性的欲望を肯定的に描くことで性的マイノリティをエンパワーするような性的表現もあるだろう。そうした表現は「みだら」であったり「性欲を刺激」するものであるかもしれないが、しかしそれが「表現の自由」によって守られることはフェミニズムの観点からはむしろ必要なことだと考えることもできる。このように、性的表現のもたらす問題への対処が表現の自由の価値を上回るかどうかについては複数の観点からの考察がありえ、「性差別」という観点から考えるときには社会のなかで女性が置かれている状況に目を向ける必要が出てくるのである。

3　ステレオタイプな女性像——広告の場合

表現の性差別性こそが問題なのだという考え方は、性的ではない表現について考える際にも重要な視点を提供してくれる。すなわち、ある表現における女性の描かれ方は、この社会のなかで女性が置かれている状況との関係で、どのような女性観を表現していることになるだろうかと考えることを可能にしてくれる。そのことがよくわかるのが、近年よくあるインターネット上での広告の「炎上」事例だろう（瀬地山 2020）。

二〇一二年に発表された味の素の「日本のお母さん」は、次のような歌詞の歌にあわせて働く女性の一日が描かれるCMだった。

毎日毎日ご飯を作る
何十万年も　お母さんが続けてきたこと
誰に褒められるわけでもなくご飯を作る
何十億人もの　お母さんが続けてきたこと

ひとつひとつのご飯を受け継いで
私たちは生きている
そんな今もどこかで　お母さんがご飯を作ってる
ただ　あなたの幸せを願いながら

映像では、目覚ましに飛び起きたお母さんが台所で子どもたちの朝ご飯とお弁当を作り、洗濯物を干し、自転車に二人の子どもを乗せて保育所に送り、あくびをしながら出社し、働いた後でまた自転車で子どもたちを迎えに行ってそのまま子どもを背負いながら買い物をして帰り、夕飯を作って子どもたちに食べさせている。

このCMが発表されると、SNS上では多くの批判が集まった。「母親への要求高すぎ」「あと数カ月で職場復帰してこんな日々が待ってるかと思うと発狂しそう」「なんで父親何もしないで座ってんの」……。そう、父親（らしき人）は子どもの着替えを手伝っていたほかは、子どもたちが朝食を食べている背後でノートパソコンを開いている姿がぼんやりと映っていただけだったのである。

おそらく制作側としては、子育てをしながら働き、毎日ご飯を作っている母親を応援したいという意図で作ったのだろう。歌詞からも、子どもの幸せを願うお母さんの気持ちを表現したいのだということはわかる。しかしながら、現実の母親にとって家事育児をすることがどのような意味を持っているのかという、子育ての社会的文脈に照らして見ると、「大変な生活でも子どものために必死に頑張っている母親」という描き方の問題点が見えてくる。

総務省の『平成二八年　社会生活基本調査』によれば、六歳未満の子どもがいる家庭における平均家事育児時間は夫が一時間七分、妻が七時間三分と大きな差がある。家事のなかの「食事の管理」を見てみると、夫が八分に対して妻が一時間五七分と、まさに「お母さんの仕事」になっていることがうかがえる。また、『男女共同参画白書　平成三〇年版』で家事関連の行動者率（何らかの家事育児をしている人の割合）を見ると、共働きの世帯でも夫の行動者率は家事で一三・三％、育児で三一％と、「家事育児をしない夫」がいかに多いかがわかる。

このように家事育児を圧倒的に女性が担っていることは、女性が働くことにとって大きな障壁である。第一子出産前に仕事をしていた女性の約半分は出産を機に仕事を辞めるが、家事育児の負担と両立できないというのはその大きな理由のひとつである。また、仕事を継続することを選んでも、育児休暇でキャリアは中断され、復帰後も家事育児を「第二の仕事（セカンド・シフト）」としてこなさなければならない。結局「仕事も家庭も中途半端」になって燃え尽きてしまう女性も多い（荻原 2006）。働く女性にとって女性ばかりが家事育児を負担することは、自分のキャリアを犠牲にすることを迫られるような、理不尽な負担として経験されるのである。もちろんその背後には、「家事育児をやってくれる妻がいる男性正社員」を基準とした日本企業の長時間労働の仕組みと、職場における女性差別の歴史がある。

こうした社会的文脈のもとで先ほどのCMを見てみると、家事育児とキャリアを天秤にかけざるをえない状況に置かれている女性にとって、その状況を「お母さん頑張ってるね」と美化されても何の解決にもならないことがわかるだろう。問題は、女性ばかりがそんな「頑張り」を要求されなければ働けないことの理不尽さにあるのだから。「何十万年もお母さんが続けてきた」「何十億人ものお母さんが続けてきた」という歌詞も、お母さんがご飯を作ることを無邪気に当然視していて、女性が置かれる状況の理不尽さにあまりに無頓着だ（実際には、現在のような性別分業が成立したのは一九六〇年代から七〇年代のことなので、「何十万年も」というのは事実としても間違っている）。女性の置かれた抑圧的な状況をただなぞるような女性の描き方は、差別的な女性観の表明として理解される可能性を持つのである。

他方で表現の自由との関係という点で言えば、広告のような営利的表現も（政治的表現より保護の程度は弱いとする見解はあるものの）やはり表現の自由によって保護されており、その規制には憲法上の正当化が必要となる。差別的な広告の規制が正当化可能であるか否かは、性表現の場合と同様、決して自明の問題ではない。したがってここでも、表現の自由の価値と、表現が持つ意味や社会的影響との丁寧な比較衡量が必要となる。イギリスでは二〇一九年に、性別に基づくステレオタイプを用いた広告に対する業界団体の自主規制が導入された。法による規制の是非だけでなく、表現が持つ意味や社会的影響についてそれに関わる人々による積極的な議論が行われ、表現の見直しが進むことが望ましいだろう。

4 ヘイトスピーチ

差別性という点ではよりあからさまに差別的であり、それゆえ法的規制を求める声も大きいのが「ヘイトスピーチ」である。「ヘイトスピーチ」とは、本人の意思では変更しがたい属性（とりわけ歴史的に差別を受けてきたマイノリティ属性）に基づいて行われる侮辱や中傷、脅迫のような発言のことである。それによってマイノリティに対する偏見を広め、さらなる攻撃をかきたてる効果を持つため、日本語では「差別扇動」と訳されることもある（師岡 2013）。ヘイトスピーチの対象はさまざまでありうる。人種、民族、国籍、障害の有無といった属性はもちろん、性別や性的指向、性自認に基づくヘイトスピーチもある。

日本で近年大きな問題となっているのは、在日コリアンの人々を対象にしたヘイトスピーチである。二〇〇九年から一〇年にかけて、排外主義的な活動を行っている団体のメンバーが京都朝鮮第一初級学校に押しかけてその周囲で街宣活動を行い、子どもたちに対して「スパイの子ども」のようなひどい言葉を投げかけるという事件があった。また、二〇一〇年代には東京の新大久保や大阪の鶴橋といった多くの在日コリアンが居住する地域で差別的なデモがさかんに行われるようになり、デモのなかでは「朝鮮人は日本から出て行け」「韓国人は殺せ」といった激しい攻撃の言葉が何度もくりかえされた。

こうした発言は歴史的に差別の被害にあってきたマイノリティを傷つけ、そのアイデンティティを貶め、自尊心を損ね、社会生活を送ることを困難にし、場合によっては命すら奪いかねない悪質なものである。実際、京都朝鮮第一初級学校の事件については、刑事裁判で威力業務妨害罪、侮辱罪の成立が認められ、民事裁判でも損害賠償の対象となる不法行為であることが認められた。

他方でこうした発言を法的に規制することについては「表現の自由」の観点からの反対論も根強い。特に問題となるのは、上記のような発言が特定の個人に向けられるのではなく、集団全体に向けられるような場合である。ヘイトスピーチに対する規制もまた、表現の内容に基づく規制であることには変わりはない。それゆえ、特定個人に向けた侮辱罪や名誉毀損罪の対象とならない、集団に向けられたヘイトスピーチの規制はやはり厳格な審査の対象となり、ヘイトスピーチのもたらす問題が表現の自由の価値を上回るかどうかが問われることになるのである。

この点についてヨーロッパに目を向けて見ると、表現の自由という観点からヘイトスピーチの規制に抑制的な考え方は決して世界的な標準ではないこともわかる。イギリスでは一九六五年に人種関係法で脅迫的な言葉や侮辱的な言葉で人種的な差別を煽ることが禁じられて以降、関連する法の改正が重ねられ、現在では人種のみならず宗教や性的指向に基づいて差別を煽ることも禁じられている。フランスでも一九七二年に成立した人種差別禁止法において、人種等を理由にした差別の扇動が処罰の対象となった。こちらも現在では性別、性的指向、性自認などに基づく差別の扇動にまで対象が拡大されている。ホロコーストの苦い記憶があるドイツでは、人種や宗教に基づいて差別を扇動することのほかに、ホロコーストを否定することにも刑事罰が科せられる（Bleich 2011=2014）。ここからわかるのは、ヘイトスピーチがもたらす問題が表現の自由の価値を上回ると考えるかどうかは、歴史的・社会的文脈にも依存する、決して結論が自明とは言えない問いであるということだろう。

日本では在日コリアンへのヘイトスピーチに対する反対運動の成果として、二〇一六年に「本邦外出身者に対する不当な差別的言動の解消に向けた取組の推進に関する法律」（いわゆるヘイトスピーチ解消法）が成立した。この法律は、差別的言動が許されないものであることを宣言し、国や地方公共団体に対してその解消に向けて取り組むよう努めることを求めるものであるが、対象が狭く、罰則による規制がない等の課題も指摘されている。たとえばこの法律が対象とする「ヘイトスピーチ」は、その名の通り「本邦外出身者」に向けられるもののみであり、被差別部落出身者やアイヌの人々などが含まれないほか、本章の議論と関連が深い女性や性的マイノリティに向けられるヘイトスピーチも対象外である。

実のところ、このように属性を狭く限定して「ヘイトスピーチ」という現象をとらえると、その現実のありようからはかえって乖離してしまうことになる。第一に、女性や性的マイノリティに対するヘイトスピーチととらえることができるような発言は現実にあふれている。かつての東京都知事による「文明がもたらしたもっとも悪しき有害なものは「ババア」」という発言や、二〇二二年現在も国会議員を務める人物の「（同性カップルには）生産性がない。そこに税金を投入することが果たしていいのかどうか」という発言のように、社会的に地位の高い人物によるものも少なくない。こうした発言は、人間の価値を出産といういきわめて限定された側面に切り詰めることで特定の属性を貶めるものであると同時に、女性が妊娠・出産とキャリアを引き換えにせざるをえなかったり、同性カップルがその関係を法的に保護されなかったりする差別的な現実の一部分でもある。

第二に、より重要な点として、現実のヘイトスピーチは複数の属性に対する差別的見解の複合として生じることが少なくない。大阪高裁は二〇一七年と二〇一八年に、民族差別的な団体の会長とインターネット上のまとめサイトが在日コリアンの女性に対してそれぞれくりかえしてきた侮辱的な発言について、いずれも民族差別と女性差別の「複合差別」であることを認めた（大阪高判二〇一七年六月一九日、二〇一八年六月二八日）。また近年では、トランスジェンダーの女性の容姿や言動を貶めることでそのジェンダー・アイデンティティを否定するような発言も増えてきている。そうした発言は、「女らしくない」という評価のもとで女性が被る抑圧を、トランス女性に対する差別的態度の表明に利用するものであるという点で、女性差別的であると同時にトランス差別的でもある。

このように、民族的マイノリティの女性や性的マイノリティの女性はしばしばマジョリティ女性とは重なりつつも異なったしかたで「女性差別」を経験する。このとき、そうした差別的言動がどのような意味で道徳的に悪いものであるのか、またどのような影響をマイノリティの人々や社会にもたらすのかという問題は、個別の属性に分解しては考えられなくなってしまう。こうした視点は現在では「インターセクショナリティ」と呼ばれ、フェミニズムのなかでもきわめて重要とされるようになっている（→第13章）。複数のカテゴリーが交差するところで生じる差別の独特の「重み」がとらえられなければ、「表現の自由」の価値との間で比較衡量を行うこともできないだろう。

いずれの点においても重要なのは、ヘイトスピーチは複雑なかたちで現実に生じている差別の一部分であるということである。そう考えると、「表現の自由」という観点からヘイトスピーチを保護することの限界も見えてくる。「すべての人が自分の信念や意見を表明することを妨げられないことが、人格の発展や民主主義の成立にとって重要だ」という考えは確かにわかりやすい。しかしそこでは、政府によって規制されなければすべての人が自分の信念や意見を表明することができる状況がすでにあることが前提となっていないだろうか。実際には、私たちの社会はそのような社会ではなく、さまざまな差別の歴史と現在を背負った社会である。そこで差別を受けてきたマイノリティは、自分自身の属性やアイデンティティに基づいた侮辱や中傷を受ける危険に身をさらすことなしには自らの信念や意見を表明できない状況に置かれている。つまり、現状の社会はそもそもマイノリティの人々の人格の発展にとって阻害的である。ヘイトスピーチはまさにそのような社会を成立させているものであるがゆえに、それはむしろ「人々の人格の発展と民主的な議論」という表現の自由の価値そのものを掘り崩していると考えられるのである。

5　何のための表現の自由か

本章では、表現の自由という価値と、表現の差別性との関係について主としてジェンダーの観点から考察してきた。性表現やステレオタイプな表現、ヘイトスピーチのいずれについても、その規制に賛成するにせよ反対するにせよ、それらの表現がどの程度、どのように差別的な社会の構成・維持に貢献しているのかについての評価が必要である。この評価が適切に行われなければ、「表現の自由」はかえって個々人の人格の発展と民主的議論を阻害するための道具となってしまうだろう。

（小宮友根）

本章の内容は江原由美子監修『新・二一世紀の人権――知っているようで知らない差別と人権の話』（日本評論社、二〇二一年）の第一五章「表現の自由と人権」（小宮友根）と一部重なりがある。

第1章の基本文献

天野正子他編　二〇〇九『新編 日本のフェミニズム7　表現とメディア』岩波書店。
田島泰彦編　二〇一三『表現の自由とメディア』日本評論社。
中川慎二・河村克俊・金尚均編　二〇二一『インターネットとヘイトスピーチ――法と言語の視点から』明石書店。

2　メディアと公共性
――「公共性」未満を押し付けられてきた女性たち

＊本章のキーワード＊
公共性　女性　マイノリティ　討議　市民　公共圏

1　「公共性」とは何か

私たちが民主主義社会をしっかりと維持するには、相応の手間と工夫が必要だ。まずは公正な選挙を実施し、さらにそこで選んだ人たちが民意を反映した立法、政策決定、施策を行っているか、つまり、やるべきことをやっているかについて、正しい情報を得なくてはならない。また、もし社会の進む方向に軌道修正が必要だと感じたならば、選挙を通じてのみならず、メディアを通して私たちの声を政府、自治体、企業など関係者へと届けてもらうことも重要だ。

たとえば、二〇二〇年三月から始まった新型コロナウイルス感染拡大の過程で、政府や自治体は感染者の検査、隔離、治療などの施策をスムーズに実施しているのか、さらなる感染拡大防止のために必要な対策を講じているのか、などの正確な情報を着実に国民に知らせるのはメディアの役割である。メディアは私たちに代わって政府や企業を監視し、「より良き社会」を作るために欠かせない情報を提供する。それは、民主主義の要件であり、基盤的存在である。

メディアにはさまざまな基本理念（＝目指し、維持すべき価値）が託されてきた。たとえば「自由」。政府からの検閲を受けず、自由に言いたいことが言えるのは、国民に保障された基本的権利であり、民主主義を機能させるための前提条件だ。日本ではこの権利は憲法二一条によって国民に保障されている。世界には「言論・表現の自由」がない国も多くあり、日本も、戦前・戦中は言論・表現の自由が制限され、メディアは国家の検閲を受けていた。つまり、「言論・表現の自由」は民主主義社会の実現にあたって、歴史のなかで勝ち取った、きわめて重要かつ貴重な私たちの権利であり、私たちはそれをメディアに託しているとも言える（→第1章）。

メディアにとって同じく重要な理念は、「**公共性**」だと言われてきた。メディアが市民に社会の重要な情報を提供し、知識をもつ市民を育ててこそ、民主主義が機能する。したがって、メディアは社会の共有財産、つまり公共財でなくてはならない。しかし、「自由」に比べて、「公共性」の意味はなじみが薄くつかみづらい。言葉も「公共性」「公益性」「公的」、あるいはシンプルに「公共」なども使われる。また、英語で「公共」に該当する言葉はpublic, civic, commonsなど複数あることも、この言葉の意味の広さを示していると言えるだろう。

日本の高校でも二〇二二年春から「現代社会」のかわりに「公共」という科目が導入された。新学習指導要領では、「公共」科目は、四〇年続いた「現代社会」にはなかったような思考力を養い、議論を促す構成を目指すとされている。また、二〇一六年からは公職選挙の選挙権年齢が「二〇歳以上」から「一八歳以上」に引き下げられた。それをきっかけに、「国や社会の問題を自分の問題としてとらえ、自ら考え、自ら判断し、行動していく主権者」を育成していく主権者教育の必要性が話題になっており、「公共」という教科がその役目を果たすことも期待されている。

このように日本では近年、「公共」や「公共性」という言葉への期待は高まっているようだ。しかし、この章では、この言葉をジェンダーの視角から批判的に検討してみたい。というのも、女性や社会的マイノリティの立場からすると、「公共性」という言葉は民主主義を機能させるというより、むしろ社会の差別や分断を強化してきたのではないかという声が上がっているのである。

この章では、まずは「公共性」概念の学問的議論について検討した後（第2節）、この概念の問題点について、ジェンダー研究の視点から光を当てる（第3節）。最後に、そうした批判があるなかで、今日の状況で「公共性」概念がメディアの理念になりうるかどうかも考えてみたい（第4節）。

2　民主主義思想から生まれる「公共性」概念

本論で扱う「公共性」という言葉は、学問上では、より厳密には「市民的公共性」という言葉で議論されてきた。この「市民的公共性」に関しては、ドイツの哲学者ユルゲン・ハーバーマスによる『公共性の構造転換——市民社会の一カテゴリーについての探究』（Habermas [1962]1990=1994）がもっとも重要な著作であろう。同書は、一九六二年に発表され、一九九〇年には英訳も出版された。戦後、メディア研究をはじめ、社会学、政治学、文化研究の分野でも世界中で大きな影響力を持つ。この著作では一八世紀ヨーロッパの市民革命時に「市民的公共性」の萌芽が誕生する過程を、書物を読み、理性を尊び、自由に討議する「市民（ブルジョア）」層の勃興として描いている。ハーバーマスは市民（ブルジョア）層が生んだ、平等で対等な市民たちの関係性を「公共性」と表現し、民主主義の理念を託した。

ハーバーマスはまた、「市民」たちが公共的な活動をする空間を「公共圏（ドイツ語ではÖffentlichkeit、英語はpublic sphere）」と呼んだ。この空間は、国家の支配下にもなく、経済活動の場でもない、市民同士が平等で対等な関係を結んで共通の関心事を話し合い、言葉を通して政治参加をする開放的な空間であり、近代民主主義を進める原動力であると位置づけられた（花田 1996）。この空間は、メディア研究だけでなく、たとえば社会運動の研究などにも応用されてきた（長谷川 2003）。

ハーバーマスの「市民的公共性」の論点をまとめるならば、少なくとも以下の要件が導き出される。

①書物を読み、**理性**でものごとを考える啓蒙された人間たちの参加を前提とし（啓蒙）、
②**政府からも、市場**（経済活動）**からも独立**し、普遍的合理性に根差すものであり（独立）、
③私的利害に縛られず、**自由闊達な討議**をし（討議）、
④誰もが**自由に出入りできる空間**で（自由）、
⑤**身分や出自に関係なく、互いを尊重**し合って合意形成をし、社会運営に貢献していく（合意形成）。

学問的にはこの五点が揃えば揃うほど、「公共性」の理想的な原意に近くなるとみなされる。みなさんも、今後、「公共性」という言葉に出合ったとき、まずはそれが右に挙げた要件のうち、いずれの意味を含んでいるのかについて、照らし合わせてみてほしい。

ハーバーマスはしかし、こうした一八世紀に誕生し近代民主主義を支えてきた「公共圏」理念を定義

した後に、翻って現状の「公共圏」は、大衆化と産業化によって衰退してしまったと診断を下している。とりわけ、ハーバーマスは、知識ある主体的市民を養成するはずの新聞等メディアが、第二次世界大戦以降、大企業による寡占状態が進んで市民社会から遠いものになったことを批判している。さらにメディアは、技術革新が加速して装置産業（つまり輪転機や放送送信設備など、大きな「装置」が必要となる）となり、誰もが参入できるような「民間文筆家たちのジャーナリズムからマスメディアによる公的サービス業へ」と転化してしまった。理性的討議の空間であったはずの公共圏も、企業や政党による広報活動に占拠されて、世論は操作され、「無責任なひいきの反応の集約」としての知名度のみが先行する受動的な情報消費空間に過ぎなくなった。結論として、ハーバーマスは、全体的には戦後の「大衆メディア社会」の到来によって、公共圏が「構造転換」したと、悲観的な見解で締めくくっているのである。

とはいえ、ハーバーマスは同著によって、近代の民主主義には、知識と理性ある主体的な市民の存在が不可欠なこと、民主主義の誕生、発展、維持のためには政府からも市場からも独立した「公共圏」という社会空間の確保が必要なこと、そして、その空間の原動力はメディアに託されてきたことを明らかにしている。こうして、公共性／公共圏論はメディア研究で大いに注目を浴びることになったのだった。

3 「公共性」概念におけるジェンダー、ダイバーシティ視点の欠如

他方で、このように注目を集めたハーバーマスによる「市民的公共性」および「公共圏」という言葉は、強い批判にもさらされてきた。批判にはさまざまなものがあるが、もっとも問題視されている議論として、この概念が、欧米の白人男性の視点や生き方を標準に構成されているため、ジェンダーおよび

ダイバーシティの視角が欠落しているというものがある。以下、ジェンダーの視角から見た同概念の陥穽を三点に絞って見ていくことにしよう。

まず、第一点目に、「市民的公共性」の「市民」とは誰かという問題である。もともと、「市民」とは王様や貴族のように、生まれ落ちた身分や出自によって自動的に財産や支配権力を与えられる特権階級ではない、「一般の人々」を指してきた。歴史的には、この人たちは、国際貿易の発達と産業革命の機運に乗って自らの力で事業を起こし、自営する市民（＝ブルジョア）として名乗りを上げた人たちで、一八世紀のヨーロッパ市民革命以降、貴族や王族や教会による固定的支配を廃し、民主主義を切り開いてきた人々だと考えられてきた。

しかし、こうした近代の「市民」たちは、実際のところ、教育を受けた、裕福な白人の男性たちだった。このように男性中心社会をモデルにして導き出された「市民的公共性」概念は、男性の生き様を基盤に発達しているがゆえに、それ以外の人たちの声の存在を見落としがちだ。ハーバーマスの「市民的公共性」理念には、「市民」というのっぺらぼうの「普遍的人間像」が登場するが、そのような想定は虚構であり、「公共性」とは、実は権力をもつ富裕層の白人男性たちの物語なのだという批判が向けられた。

公共圏で活躍する「市民」像をより具体的に考えてみよう。たとえば、みなさんがこれまで授業で学んだ歴史上の人物の名前を思い浮かべてみてほしい。日本史以外では、ほとんどが欧米の白人男性ではないだろうか。あるいは、メディアに出演する政治家や企業経営者の多くは、男性ではないだろうか。また、「自由闊達な議論」をする際、男性と女性のどちらが議論をリードしているか、観察してほしい。

政治や社会問題をテーマにしたディスカッションが始まると、必ずと言ってよいほど男性の発言者が多くなる経験はないだろうか。その背景には、歴史上、自由に討議し、意見を交換し、社会批判をするのは、男性的行為だとみなされていることがある。男性が社会について発言することは「立派だ」「リーダーシップがある」などと肯定的に評価される一方、女性が同じ発言をすることは、「生意気」「うるさい」など、否定的な印象がつきまとい、バッシングの対象にさえなる（→第4章）。つまり、「公共圏」は、まずは欧米の白人男性、そして、日本では日本人の男性に有利に働く偏向した空間なのではないか。

フェミニストたちは、こうした性別による役割分担の現実や女性への抑圧の力学を抜きに「公共圏」や「公共性」という価値を理想化したりすることこそ、女性に対する差別と抑圧を再生産することにつながると主張する（Fraser 1992=1999）。そして、「市民的公共性」概念は、ジェンダー、性自認と性的指向、人種、地域文化、階層などの差異に目を向けにくくし、社会グループの間に序列をつけ、既存の権力関係を強化する思想になっているのではないかと、フェミニストやエスニック・グループなど多様な方面の論者から批判されたのである。

「公共性」の問題の二点目は、「公共圏」で討議するテーマをめぐるものである。みなさんはニュースというと、どのようなテーマを思い浮かべるだろうか。多くの人は、国会での討論の様子や、首相の記者会見、あるいはショッキングな事故や大規模災害の様子などを連想するのではないか。

ハーバーマスが「公共圏」という理想の討議空間の原動力をメディアに託していたことは述べた。そこにおける理想の討議の主題は、先に述べたような、いわゆる政治ニュースや事件事故など「共通の関心事」で、それらが「公共的なテーマ」だとみなされてきた。その中心に登場するのは、これもまた、多くの場合、男性である。

しかし、「公共的」テーマと、いわゆる「個人的なこと」とは、いかなる基準で線引きできるのか。公共圏で「討論すべき重大事」とそうでない話題とは、誰が、どう区別してきたのか。この区別は、単なる性別による役割分担に沿って、安直な線引きがされていないだろうか。また、公共のことと私的なこととの間には、一方的な価値観によって優劣がつけられてはいないだろうか。

本来、「公共性」は「共約可能な部分」という意味である。つまり、皆で話ができる、皆が関心がある部分で、それ以外の「個人的な部分」とは分けられてきたのだった。実は、このような線引きは、「公共性」概念の出自に由来する。もともと、一八世紀の市民革命の際にキリスト教信仰の自由が問題となり、信仰はプライベートで各自の親密な部分、個人的な嗜好の領域であり、公共性未満のものとして「そっとしておく」ことが取り決められた。プライベートな問題は、ブルジョア革命の際に取り分けられて「私的領域」に押し込められ、「公共」概念から遠ざけられてきたのだった。

ところが、私的領域は同時に、人間を育て、ケアし、人間が人間として生きるために欠かせない場所である。そこはまた、女性が生き、女性の居場所であるとも考えられ、さらに家父長制によって支配されてきた場所でもあった。女性の抑圧、女性への暴力、女性の仕事については、「私的領域」という理由で不可視化され、公共的な問題として浮上しないようにする構造が、すでに一八世紀の「公共性」誕生時に作られてしまったのである（齋藤 2020; 林 2014）。

この点については、ハーバーマスも『公共性の構造転換』の新版序文で「政治的公共圏と私的領域との関係が性差を基準に規定されていた」（Habermas [1962]1990=1994）と認めている。ハーバーマスは、同書の新版を出版する際、女性への差別は性別を基準とした本質的な類であるとして、その他の差別（つまり職業や貧困など、社会的な帰属による差別）より深刻で、公共圏を考える際、修正すべきだと補足したのだった。

また、このような考え方から、公共圏という概念は、衣・食・住などの人々が生きる「人間の生／生活」の根源的課題を正面から扱わず、放逐してきた（落合 2019）という批判もある。家事労働やケアワークを担ってきた人々――多くは女性たちだが――の居場所は、構造的に社会の共約可能なテーマ、つまりメディアの取り上げる「公共的」テーマから除外され、「彼女たちの問題」は後回しにされてきたのだった（林 2011）。

最後に、「公共圏」に関わる問題として、「合意」とは何かという点を指摘しておきたい。「公共性」概念を批判する者たちは、多様な構成員からなる現代、「合意」を形成することなど可能だろうかと問題提起している。また、仮に「合意」が達成されたとしても、その「合意」は対等な市民同士での理性的な討議の成果というよりは、権力や富による、強者から弱者への抑圧の擬制に過ぎないのではないかとも批判されている。

たとえば、戦後、原子力発電所は、農業に依存し、過疎化に苦しむ地方の経済活性化政策として自治体の「合意」のもとに誘致されてきた。しかし、誘致の結果、地域共同体の絆も自然環境も破壊されるという例が後を絶たない。そのもっとも過酷な例は、東日本大震災による東京電力福島第一原子力発電所の爆発事故で被害にあった周辺の自治体であろう。地元住民は放射線の低線量被曝におびえながら生活するか、故郷を捨てて移住しなくてはならなくなった。とりわけ、高齢者や子どもの世話をする女性たちに、こうした生活のしわ寄せが行った。さらに、原発事故の除染作業などのために、原発内や周辺で日雇いで働く労働者たちがいる。今後、日本の原発再稼働に向けた「合意」形成には、こうした立場の弱い人たちの声がどれぐらい反映されるだろうか。

また、合意形成という行為の際、そもそも声を上げ、発話することに慣れない人々は、たとえ対等の討議の席に着けたとしても、意見を言うことに躊躇しがちだ。問題が複雑になればなるほど、その傾向は顕著で、討論の結果として得られる何らかの「合意」の正当性は怪しい。結局、「公共性」という概念は、権力の不均衡や声の大小を顧みず、社会を均質的な構成員からなるものとして想定している。とりわけ、これまで社会を支配してきたマジョリティ側の人たち――日本であれば、教養あるエリート日本人男性――の人間像を標準としているがゆえに、「公共性」が目指す「合意形成」は、女性やマイノリティの声を聞き入れず、現状の再生産に加担している。支配者のグループから捨象され、排除されてきた女性やＬＧＢＴＱ、子ども、労働者、外国人などは、ここでも相変わらず私的領域に押し込められて不可視化されるか、たとえ声を上げても取り合ってもらえず、やがて社会から忘れられ、傷つけられてきたのではないかというのである（→第13章）。

以上のように、「公共性」という言葉は、女性をはじめとするマイノリティが従属的な存在であることを追認し、現状の社会構造を再生産してきた。そして、テレビや新聞などのマスメディアは、そのことに無自覚なまま活動してきたのではないか。みなさんも、毎日のニュースで、女性や子ども、高齢者、外国人などがどのような扱いをされているか、これに対して男性の扱いはどうかを注意して見てみよう。

4　「公共性」概念の限界、それでもなお残る希望

「公共性」概念への批判を見てきた。では、「公共性」という言葉は、もはや不要であろうか。この答えは、これを読んだみなさんがそれぞれに考える問題であろう。

人間には共に生きるという生の様式が不可欠である。そうである以上、一定の合意を形成することは必要だ。そのためには、なるべく多くの人と情報を共有し、議論の場を作って、その都度、暫定的にも結論を出し、合意を形成していかなければならない。しかし、社会のいろいろな人の考え方や個性をおいてきぼりにして、共通項作りに熱心になるばかりでは、多くの人にとって、生きにくい社会ができあがってしまう。合意形成と差異の尊重とのバランスをどうするかは、今日、世界各地で問われている自由な民主主義社会の課題である。

ハーバーマスは、その後も、民主主義においては、いったん合意した結論の正当性を問い続ける過程こそが重要であり、われわれ皆が「エンパワー」されているような過程にきちんと参加するならば、「公共性」の価値も出てくると訴えている（Habermas 1992）。その際「市民」という言葉は、かつてのような有産階級の男性を連想する「ブルジョア」ではなく、より抽象的な「シティズン」へ、そしてその市民が形成するコミュニティを、シティズンから構成される「ツィーヴィールゲセルシャフト（Zivilgesellschaft 市民団体）」と言い換えている。この主張には一定の理があるように思う。多文化共生のためには、合意形成過程をなるべく正当性があるものにし、女性やマイノリティを包摂する「市民団体」が不可欠であろう。日本では、政治の場にも女性が極端に少ない（前田 2019）。したがって、日本の

メディアこそ、さまざまな市民団体をつなぎ、女性やマイノリティの声を反映させ、意見の代弁をする努力をしなければならず、その責務は一層重い。

ところで、現在、ソーシャルメディアやインターネットの普及により、かつてほど「公共性」の、エリートによる囲い込みがなくなってきた。むしろ、現在はプライベートとパブリックとの境界は取り払われ、「誰もが見られる領域からあまり人目に触れない領域へと目盛りがついた段階方式へと変化」(Cardon 2010=2012) している。#MeToo 運動に見られるように、ネット空間では、私的な生活世界から生まれる会話と公共的な討論が同一の地平に広がり、社会変革の中心に位置する動きも出てきている。これまで、「プロ」であるジャーナリストたちが決定していた「公共性」は、ある意味で民主化していった。

他方で、誰もが情報提供可能であることの弊害も出てきた。ネットが普及した今、情報の公開のしかたは、「発表してから選別する (publish, then filter)」(Shirky 2008=2010) という順序になっており、何が話題になるかの選別作業は、ジャーナリストのような訓練された職業人の手によるのではなく、まさにハーバーマスが言う「無責任なひいきの反応の集約」、つまり「いいね」の数によって決定される。たとえば、個人的なおしゃべりがネット上で公開された場合、その閲覧数が増えなければそのまま私的領域に留まるが、閲覧数が増えれば可視化されて公的領域へと進出し、ときに政治を動かし、社会に大きな影響を及ぼすことになる。現在、公的事象かどうかは、情報提供者の知名度、情報内容、時代状況と文脈などの複雑なアルゴリズム（計算式）とともに、ネット上で決定されていくことが多い。このような状況は、これまで声を上げても社会に届きにくかった層、すなわち女性やマイノリティにとっては朗報であろう。
現代社会では、規模も影響力も異なるさまざまなアクター（主体）が、ソーシャルメディアやネットという同一次元に並列的に存在することによって、言葉や表現のもつ効果や影響力は、予測が困難となっている。特に女性やマイノリティにとっては、ネットはヘイトスピーチや誹謗中傷を受ける場ともなってしまった。近年ではさらに、フェイクニュースやデマの温床ともなっていることも社会問題化している。

今、公共圏は、一層偶発性と不可知性に支配されることになった。ネットが主要な情報源となった現在、人々は、「エコー・チェンバー」（Jamieson & Cappella 2008）や「フィルターバブル」（Pariser 2011=［2012］2016）と呼ばれる、自分たちが好む情報だけを摂取する傾向も指摘され、社会の分断や分極化も懸念されている（林 2017）。細分化され分断されるメディア環境において、共約可能性を追求する「公共性」という価値は、強い批判がある一方で、今一度「連帯」や「絆」といった観点から再検討に値するのではないか、そしてそれはジェンダー平等社会の実現のために不可欠ではないか、というのが本章の暫定的な結論である。

（林　香里）

第2章の基本文献

ハーバーマス、J　一九九四『公共性の構造転換――市民社会の一カテゴリーについての探究』細谷貞雄・山田正行訳、未來社。

フレイザー、N 一九九九「公共圏の再考――既存の民主主義の批判のために」キャルホーン、C編『ハーバマスと公共圏』山本啓・新田滋訳、未來社。

林 香里 二〇一一『〈オンナ・コドモ〉のジャーナリズム――ケアの倫理とともに』岩波書店。

3　メディアと表象の権力
——日常を通じたジェンダーの生産

＊本章のキーワード＊
表象　権力　ジェンダー　ステレオタイプ　モノ化

1　表象とは何か

新聞やテレビなどで報道される情報は公正中立でもなければ不偏不党のものではない、と言われたらあなたはどう感じるだろうか。ニュースのように専門の記者がしっかりと取材して発信している情報は、客観的で中立であるはずだと考えるだろうか。もしくは、新聞やテレビで情報を伝達するのは人間なのだから、送り手側の視点や偏見から逃れることのできない偏ったものになるに決まっていると考えるだろうか。

メディアにおけるさまざまな情報や表現が公正中立で不偏不党のものかどうか、という問いに対する答えは、「イエス」であると同時に「ノー」である。あなたには、この答えが矛盾したものだと感じられるかもしれない。けれども、メディアのなかに描かれるモノゴトが正しいのか、間違っているのか、ということは簡単には決められない。なぜなら、モノゴトを描き出すのは言葉や記号やイメージであり、それらが織りなす表現というものは、現実を鏡に映すというような、単純なものではないからだ。

さて、社会において言葉や記号やイメージを通じて情報や知識を生み出す作用のことを、社会科学の用語では「**表象**」と呼ぶ。私たちは日常的に、言葉や記号やイメージを利用し、世界を、社会を、出来事を、表象している。そして、世界のさまざまな出来事や人物や事物を表象する際にもっとも大きな影響力を行使していると考えられるもののひとつが、マスメディアやソーシャルメディアなどの「メディア」である。

そこで本章では、まず表象とはどのような言葉であり、その定義が何であるのか説明し、メディアに媒介される表象について、どのような理論やアプローチを用いて考えることができるのかを学んでいく。次に、メディアにおいて表象というものがもっている影響力について検討することで、なぜ私たちの社会のなかでメディアが力をもっているように見えるのかという点について考えてみる。最後に、さまざまな表象のなかでも特にジェンダーに関する表象が、メディアのコンテンツのなかでどのような権力関係のもとで生み出されているのか、表象の機能に注目しながら考えてみる。

本章のもっとも重要なキーワードである表象は、メディアやカルチュラル・スタディーズの研究の場で重要な考察の対象となってきた。たとえば、「女性雑誌のなかで女性はどのように表象されているか?」「ニュースのなかで移民はどのように表象されているか?」「映画やテレビドラマのなかで性的少数者はどのように表象されているか?」といった問いに基づいてメディア・コンテンツや物語の内容がこれまでたくさん分析されてきた。

しかし、表象という言葉を理解するのはなかなか困難で、骨の折れる作業となる。そこで、まず表象という言葉の辞書的な意味から出発してみることにする。

表象は、英語の「representation」やフランス語の「représentation」を翻訳した言葉であり、英語には一四世紀頃から登場している（Williams [1976]1983=2002）。英語における「表象」は歴史的に、主に三つの意味（＝象徴的な意味、政治学的な意味、認知的な意味）で用いられてきた（Bennett et al. 2005）。

まず、象徴的な意味としての表象は、たとえば「赤い薔薇」が「情熱」のようなものを象徴する、というようにあるモノやイメージを通じて別の事物や事柄を置き換え、象徴的に表現する場合に用いられる。次に、政治学的な意味としての表象は「誰かの代わりに発言する、行為を行う」という意味で用いられる。そのため、日本語では「代表」と翻訳され、理解されてきた。たとえば、「representative democracy」という言葉がある。この言葉は「代議制民主主義」と翻訳され、選挙によって選ばれた政治家が選んだ人々を「代表し」、人々の「代わりに」政治を行うという場合に使われるのである。最後に、認知的な意味での表象は、「心的表象（mental representation）」という言葉で知られるものである。これは、私たちが外界の情報をとらえた後で心のなかに思い浮かび上がらせ、再現する内的イメージを示す言葉である。

「表象」に関するこれら三つの意味には、別の何かを表現したり代表したりする機能があり、ある対象や人物やイメージを呼び起こすことができるという共通点がある。このような共通点を踏まえると、表象のもつ重要な機能は、「イメージを呼び起こす」社会的なダイナミズム、つまり現実を構成する権力を行使できるということにあるといえる。そこで、本章の後半ではメディアにおけるジェンダー表象の議論に注目し、メディア研究やカルチュラル・スタディーズの分析によって、「表象」という言葉がどのような権力を行使してきたのか考えてみることにしよう。

イギリスのメディアと文化に関する著名な研究者であるスチュアート・ホールは、「表象とは言語を通じた意味の生産」(Hall ed. 1997)であると述べている。つまり表象とは、ある文化の構成員が言葉や記号やイメージを使用して何か意味のあることを言おうとする機能、もしくは他の人々に対して「意義深いもの」として世界を表現しようとする機能をもつ。ホールの定義に従うなら、新聞やテレビといった従来型のメディアの送り手は取材したことや調査したことを伝えようとしているし、ドラマやバラエティは番組を通じて「意味の生産」を行っているということになる。同様に、私たちが日常的に言葉や記号やイメージを使用して、他の人々に見たことや聞いたこと、考えたことや感じたこと、何らかの意味を伝えようとすることもまた「表象」と呼ぶことができるだろう。

こうした定義を知ったうえで、次節ではこの「表象」という機能をとらえるための三つの方法について見ていくことにする。

2 なぜ表象が重要なのか

第1節では、表象の定義について学んできた。第2節では、表象をとらえ、説明するための三つの方法について検討していく。三つの方法とは、「反映的アプローチ」「目的伝達的/形成的アプローチ」「構築主義的アプローチ」である(Hall ed. 1997)。それぞれのアプローチをもとに、メディアにおける表象をどのようにとらえることができるか考えてみよう。

ひとつめの反映的アプローチとは、現実の世界における対象や人物や概念や出来事を新聞やテレビなどのメディアがそのまま映し出し、反映しているものとして表象をとらえる方法である。つまり、表象とは現実を映し出す鏡のようなものであると考えられる。表象をこのようにとらえるとするなら、メディアがある物事を表象している場合に、メディアのなかで描かれているモノゴトは現実の社会を正確に映し出したものだということになる。その結果、メディアのなかにジェンダー不平等な表象が蔓延している場合、それは現実の社会における不平等な男女の関係が実際に存在し、それを反映しているためであるということになる。しかし、メディアの機能がこのように、現実の社会に存在する不平等なジェンダー関係を単に反映するだけであるとするのなら、メディアの表象は現実の世界に存在する不平等な関係に対して批判的に介入する力をもたない受動的な存在であるということになる（だが、周知の通り、メディアは決してそのように無力な存在ではない）。

他方、メディアのなかに女性が数多く登場しない場合には、数的には男性と同じくらい存在しているはずの女性たちをメディアが「正しく」反映していないということになり、メディア表象におけるジェンダー不平等の問題として批判的に捉え返すことも可能になる。これは、「過小化された表象」の問題として知られるものである。メディアのなかで描かれる世界において、女性の登場は現実に存在している女性の数よりも明らかに少ないし、セクシュアル・マイノリティの登場も実際の割合よりも少なく表象されるなど、メディアによる表象は現実を歪めて映し出しているのだと批判することができる。

第二のものは目的伝達的／形成的なアプローチである。このアプローチによると、表象というのは、話し手や書き手や表現者の意図と思考が言語を通じて表現されたものであるとされる。つまり、メディアが何かを表象し、意味を生産する場合、そこには話し手や書き手——たとえばニュースの生産者やドラマの脚本家やプロデューサーの意図や思想が刻み込まれているというわけだ。このアプローチに基づくなら、情報やメッセージの送り手は自らの意図や思想を「表象」し、「伝達」することができることになる。つまり、メディアは私たちの社会の方向性や未来を形成していく力をもつことにもなる。

このアプローチでは、おとなしく従順な女性しか登場しない娯楽作品ばかりが作り出されていくことで、あたかも私たちの社会のなかで女性とは口数が少なく従順であるという認識が「形成」され、当然視されうるという前提がある。もしくは、メディアを通じて女性は着飾るのが好きで、化粧をするものだという表象が広く拡散されることによって、現実の社会を生きる私たちの思考もまたそのようなジェンダー・イメージを「当たり前のもの」として受け取ってしまうことになる、ということになるだろう。しかし、メディアによる表象に対して、私たち視聴者が疑念を抱いたり、正義を遂行していないとみなしたりして批判することは頻繁に起きている。とするならば、メディアがその表象作用を通じて、送り手の意図を伝達し、私たちの認識や思考のすべてを形成するような権力をもっているとするこの第二のアプローチも不十分なものとなる。

第一のものと第二のものは、ともに「表象」について考えてみるための基盤になるアプローチではある。しかし、どちらも一方が他方に影響を与える——つまり、反映的アプローチは現実の社会がすでにありメディアは単にそれを映し出しているのだとし、目的伝達的／形成的なアプローチはメディアによって表象されたものが現実の社会を作り出していく——といった単純なものに過ぎないことから、実際にメディアのなかでモノゴトが表象される際に起きていることをとらえるには心もとない。

そこで第三のものとして、反映と形成の循環によって構成される構築主義的アプローチが提起されている。ポール・ホドキンソンによると、「メディア・コンテンツはいずこからともなく生じるのではなく、現実の事件や社会のトレンド、文化的価値観と密接に関係している」が、同時に「メディアの制作者は、なにを取り入れるのかという点では非常に選択的であり、（中略）世界を〈反映〉するものの、世界について選択的で加工された〈表象〉を提示」（Hodkinson 2011=2016）してもいる。つまり、メディアによる表象は、ある程度は現実の社会の出来事や価値を反映している一方で、送り手側の選択や編集によって切り取られてもいるし、それを見る受け手が共有している知識や恣意的な解釈によって、循環的かつ相互作用的に構築されたものとして現れるのである。

この「構築」という考え方は、メディアと私たちとの関係について考えていく際に、とても重要な視点を与えてくれる。現実はつねにすでに私たちを取り囲んでいるが、知識や情報や、もしくはそれらに基づいて形成されている「常識」やイメージを通して現実を見るときにはじめて、そこに「意味」を見出し、それが「何であるのか」ということを私たちは知覚し、認識する。そうして、私たちを取り囲む現実は、ようやく社会的に意味を帯びた「現実」として私たちがとらえることのできる存在となるのである。このように社会のなかで「現実」が作られていく過程を重視するアプローチの背景には、ピーター・バーガーとトーマス・ルックマンによる『現実の社会的構成』（Berger & Luckmann 1966=2003）での議論がある。バーガーとルックマンは、現象学的知見に基づき、私たちの認識が、日常的世界の文脈のもとで生成される知識との社会的相互作用のなかで生成され、その認識がまた社会的現実を構築するという、個人との循環的な相互作用によって社会が形成されるとする、社会の構成主義理論を提唱していた。

同様にホールは、表象について、「反映とは大きく異なる概念である。それは、選択と提示、構成と形成の活発な産物を含意する」(Hall 1982=2002) と説明している。つまり、私たちが、そしてメディアの送り手が、対象や人物や概念や出来事を「表象」する場合には、単なる「反映」や「形成」ではなく、ある「選択と提示」、「構成と形成」といった活発で複雑な、もしくは積極的に取捨選択を行うプロセスが織り込まれているのである。

そこで、次節では「ジェンダーの表象」を例に、メディアのなかで表象が生み出される際に、どのような権力の作用があるのか考えてみることにする。

3　メディア表象とステレオタイプ

今日では、「女らしさ」や「男らしさ」というものは、私たちに生まれつき埋め込まれた本質的かつ観念的な性質ではなく、むしろ日常のさまざまな場面における文化と、そのなかで生成するイメージや、日常生活におけるコミュニケーションを通じてくりかえし表現されたり求められたりするイメージの蓄積を、意識的/無意識的に受け入れることを通じて身につけていくものであると考えられるようになった (Barker 2008)。このように反復された性差に基づく「らしさ」の特質は、蓄積され沈殿していくことによって、社会的な意味生成のマトリクスとなる。社会的・文化的なプロセスのなかで身体化されたマトリクス――「女らしさ」や「男らしさ」――のことを社会学では「**ジェンダー**」と呼んでいる。

表象のなかでも、特にジェンダーやセクシュアリティや人種などの点でマイノリティ（数的に少ない集団や主流ではない集団）について表現するときに用いられる方法のひとつに「ステレオタイプ」と呼ばれるものがある。ステレオタイプとは、ある特徴をもつ存在（たとえば、「女である」や「日本人である」）を、本質的に同じ性質をもつひとつの固定された型（タイプ）であると短絡的・還元的に意味づけてしまう現象を指し示す言葉である。そして、とりわけ視覚メディアのなかで描かれるイメージの多くは、この「ステレオタイプ」化の作用を通じて表象されている。

ホールによれば、ステレオタイプとは第一に〈差異〉に基づいてある人物に関するイメージを単純化し、本質化し、当然視し、固定化するものであり、「通常のもの」として受け入れられるものと、「異常なもの」として排除されるものとに「分断」するという戦略を通じて権力が行使されるプロセスである。それは、ある特定の役割やイメージの境界線を画定する一方で、それに適さない役割やイメージを排除していくという力を備えている。さらにホールは、ステレオタイプが発生しやすいのは、表象する側とされる側との間に、著しい権力の不均衡がある場合であるとも述べている（Hall ed. 1997）。

現代において、ジェンダーに関するステレオタイプな表象をもっとも生み出しているもののひとつがメディアである。そこで、ステレオタイプに関する議論をメディアにおけるジェンダー表象に当てはめて考えてみることにしよう。イギリスのメディア研究者ロザリンド・ギルは、多くのテレビドラマや映画、広告といった表現のなかで、女性たちの多くがキッチンや寝室、浴室やトイレなど家庭内部での役割――家族を支える良き「母」やわきまえた「妻」や従順な「娘」――を引き受け、「家事機能」を担当する存在として描かれ続けていると指摘している（Gill 2007）。さらにギルは、メディアのなかで描かれる女性たちは「〈装飾的な対象〉として描かれ、〈知性的ではない〉存在として描写されている」（同書）ことも指摘し、メディアによるそのような女性の表象のされ方を批判している。多くの物語のなかで女性のキャラクターは活発ではなく受動的、従属的であるか守られる存在、もしくは自己犠牲的で感情的な性格として描かれてきたというのである。ハリウッド映画のなかで、女性キャラクターの台詞は男性キャラクターの四分の一程度である、という調査結果もある。

こうしたステレオタイプの代表例として、日本のメディア・コンテンツのなかでも、ホームドラマのジャンルや家事や育児に関連する商品のＣＭなどを挙げることができるだろう。たとえば、ユニ・チャームが二〇一七年に公開した「ムーニーから、はじめて子育てするママへ贈る歌。」というＣＭでは、子育て中の若い母親が、乳児と二人きりで家のなかにいて育児に追われる様子が描かれている。平成三〇年版の『男女共同参画白書』によると、乳幼児のいる日本の家庭での育児時間は、女性が三時間四五分であるのに対して、男性は四九分に過ぎないが、女性の五分の一程度であるとはいえ男性も育児を担っている。そうであるにもかかわらず、ムーニーのＣＭでは男性が乳児の世話をしている場面はひとコマも出てこないし、女性だけが乳児のケアに携わっているように表現している。この広告で描かれる母親は、自分の人生のすべてを育児に捧げているように表象されていることから、自己犠牲的であるように見え、家庭内部での母親という役割に紐づけられた存在として描かれている。

ゲイ男性の表象はどうだろうか。ロマンティック・コメディ（ロマコメ）のジャンルに登場するゲイ男性は、たいてい陽気だけれども口をひらけば辛辣で、異性愛主義の女性主人公にとっての良きアドバイザーでもあり癒しを与える存在として長らくステレオタイプ化されてきた。ロマコメ・ジャンルを戯画化する目的で制作されたアメリカ映画『ロマンティックじゃない?』(トッド・ストラウス＝シュルソン監督、二〇一九年)には、まさにそうしたステレオタイプ化されたゲイ男性が登場する。この映画の主人公ナタリーは、ロマコメが大嫌いな女性であるにもかかわらず、ある日その大嫌いなロマコメの世界に入り込んでしまう。ナタリーが入り込んでしまったその世界では、ロマコメ・ジャンルのお約束(王道的展開)がこれでもかと押し寄せてくるのだが、そのなかに「ヒロインにアドバイスと癒しを与えてくれるゲイの友達」というキャラクターが登場し、この作品の内部においては、パロディ化を通じて「ステレオタイプ」なゲイ男性の表象を批判しようとする。

しかし、ステレオタイプは多くの場合、あらゆるマイノリティの表象に作用し、ホールが言うように「〈差異〉を単純化し、本質化し、当然視し、固定化」してしまう権力を行使しているのである。

4　表象を通した女性の「モノ化」

ステレオタイプな表象は他者を特定の存在に押し込めるが、表象には他者を客体や道具のように扱い、ある特定の意味を押し付ける力もある。そのような表象の力を「**モノ化**(objectification)」(客体化とも言われる)という観点から考察してみたら、何が見えてくるだろうか。

モノ化の最たるものは、主にポルノグラフィ表現に現れている。サリー・ハスランガーによれば、女性はモノ化されることを通じて、男性の欲望を満たすための対象とみなされるようになり、男性の望むような性質をもち男性の欲求を満たす存在として考えられるようになる。このようなモノ化の実践とともに、人々は頭のなかで考えたビジョンを実際に表象を通じて顕わにする(Haslanger 2012)。

メディアのなかで女性が表象されるとき、そのうちのあるものは性的に（もしくは単に）「モノ化」されていると、幾人かの女性研究者たちは考えてきた。モノ化の説明についてもっとも知られているのは、マーサ・ヌスバウムによるものである。ヌスバウムは、モノ化を行う人の道徳観や意図の有無に還元するのではなく、実際にモノ化が行われるその方法を具体的事例から抽出することによってモノ化を分類した。その結果、モノ化は「道具性」「自律性の否定」「不活性」「交換可能性」「毀損可能性」「所有性」「主観性の否定」の七つに分類されている（Nussbaum 1995; 小宮 2019）。ヌスバウムによれば、人をその人格を尊重することなしに、ある目的のための道具として扱う「道具性」こそが客体化の問題点であるという。そして、これら七つのうちいくつかの組み合わせによって主に女性たちは表象を通じてモノ化されてきたと分析できる。

さらにキャスリン・ストックによると、イメージの世界における女性のモノ化にはいくつかの共通するテーマがある。たとえば「身体としての女性」「動物としての女性」「複製品としての女性」「子供としての女性」「無感覚な物体としての女性」などである。これらのイメージを通じたモノ化において重要なのは、表象される対象である女性の「心の抑圧」であり、女性には心や感情がないかのように表現されているという指摘である（Mason 2021）。

ここで、モノ化という観点から日本の広告を例に考えてみよう。二〇一九年に公開された西武・そごうのあるポスターでは、オレンジ色の服を着た女性（俳優の安藤サクラ）の顔に、白いクリームパイが投げつけられている。この広告のキャッチコピーには「わたしは、私。」とあり、掲示されている細かい文章を見ていくと、「女であることの生きづらさが報道され、そのたびに、「女の時代」は遠ざかる。」

「活躍だ、進出だともてはやされるだけの「女の時代」なら、永久に来なくていいと私たちは思う。」と記されている。「活躍だ、進出だともてはやされる」ような女性活躍への異議申し立てを行うこの広告は、社会における女性への差別の改善を、自助努力に基づく経済的な成功へと狭めてしまうタイプの「ポストフェミニズム」への批判を表明している。しかし、ポスターに大きく展開されている視覚的なイメージは、飛び散るクリームで汚して女性の顔のパーツを部分的に覆い隠すことで、ポスターのなかの女性を表情の見えない、無個性な存在であるかのように表現してしまっている。クリームパイを投げつける標的として女性を置くことは、ヌスバウムの言う女性の「道具性」や「毀損可能性」にも当たると考えることができるかもしれない。

もうひとつの例についても考えてみよう。鹿児島県志布志市が二〇一六年に制作した、ふるさと納税返礼品のうなぎのCMである。この動画は、ある男性が、スクール水着を着た「うな子」という名の少女とプールサイドで出会い、彼女を大切に育てるという物語によって構成されている。後半まで見ると、「うな子」と名乗る少女は、実はウナギが擬人化した存在であるということがわかる。そしてラストでは、ウナギに戻った（そしておそらく人間に食べられてしまった）この少女の代わりに、また別のスクール水着姿の幼い少女が現れ、男性に向かって「養って」と声をかけるのである。この動画に登場する少女たちは、人間としての人格を奪われ一年中スクール水着姿のままで描写される。そして、飼育者の男性から食事と住処を与えられ、人間以外の存在に模して表現されている点において、この動画で描かれる少女はまさに「動物としての女性」の一例であると言えるだろう。同時に、「スクール水着」「女子高校生くらいの年代に見える十代の少女」「男性による少女の飼育」といった日本のアダルトビデオで頻繁に用いられる記号が使用されていることから、この動画はきわめて「ポルノグラフィックなもの」であると考えられる。さらにこの事例は、ヌスバウムが分類している「所有性」「自律性の否定」「交換可能性」の組み合わせによる「モノ化」の表現でもあるのだ。

では最後に、メディアにおける男性の表象はどのようなものが多く、またそれらはどのように分析されてきたのか簡単に説明しておく。メディア表象とジェンダーの関係については、長らくフェミニズムの影響を受けた女性研究者たちにより、「女性の表象」の問題として研究が行われてきた。しかし、一九九〇年代以降になると男性学が発展し、それとともにメディアにおける男性の表象についても多くの調査や研究が行われるようになってきた。

重要なことは、これまでメディア表象の多くにおいては、男性だけの経験や感性が中立的で公正なものとされ、疑いもなく「人間そのものの経験や感性」であるかのように扱われてきた点である（Gill 2007）。こうした男性中心の視点や価値観に基づく表象ばかりがメディアのなかで表現されてきた背景には、メディア企業やメディア産業で働く人々の、あまりにも大きなジェンダー格差、もしくは男性中心主義がある。

さらに、近年の研究によって明らかにされてきたのは、男性もまた一枚岩的に扱われ、望ましい男性性（男らしさ）を示すステレオタイプ化された理想的存在として描かれ続けてきたという点である（Gill 2007）。実際には、男性のなかにも多様性はあり、そのなかにもさまざまなマイノリティが内包されている。たとえば、社会規範に反抗する若い男性グループや人種的マイノリティ、労働者階級やアンダークラスの男性、ゲイ男性やトランスジェンダー男性、地方で暮らす男性、高齢の男性などである。メディアにおける男性性の表象分析の事例としては、ドゥルシラ・コーネルの『イーストウッドの男たち』(2009=2011)がある。この本では、クリント・イーストウッドというマッチョで伝統的なアメリカの異性愛白人男性の理想像を演じてきた俳優が監督として映像文化に関わることを通じて、そのような男性像や男性性の意味を問い直し、解体しようとしていくプロセスが分析されている。

本章では、表象という言葉を軸に、メディアを通じて表現されるイメージや制作されるコンテンツとジェンダーとの関わりについて考えてきた。新聞やテレビや広告といった伝統的なメディアだけでなく、SNSなどの新しいメディアにも、「表象されたイメージ」が満ちあふれている。なぜ、どのように、その表象が生み出されたのか、その生産のプロセスにはどのような権力が作用しているのか、表象の問題点を批判的にとらえ、それを変化させていくにはどうすれば良いのか。このような観点から、メディアのなかの表象を見つめ直してみることは、とても大切な経験になるだろう。

(田中東子)

第3章の基本文献

ホドキンソン、P 二〇一六『メディア文化研究への招待――多声性を読み解く理論と視点』土屋武久訳、ミネルヴァ書房。

バーガー、P・L/ルックマン、T 二〇〇三『現実の社会的構成――知識社会学論考』山口節郎訳、新曜社。

コーネル、D 二〇一一『イーストウッドの男たち――マスキュリニティの表象分析』吉良貴之・仲正昌樹監訳、御茶の水書房。

コラム1

「ここはこうやろ!」を変える

武田砂鉄

時折、ワイドショーから「コメンテーターとして出演してほしい」との依頼が来る。即座にお断りしてしまう。理由はいくつもあるのだが、発言する時間が極めて短いこと、発言した内容をその場にいる司会者(その多くが男性)が、強引に、あるいは気軽にまとめようとすること、などが挙げられる。Aという問題について考えるためには、Aの周辺にある問題を同時に考えなければいけないし、ここに至るまでの経緯を探らなければいけないし、その問題に向けられる多方向からの意見を聞き取らなければいけない。でも、そんなことをしている時間はない。ハッキリと断言しなければいけない。

いや、コメンテーターが断言しなかったとしても、司会者が断言しようとする。「ホントにこの問題、許せないですよね。では、次の話題です。パンダの赤ちゃんが……」というように。確かに許せないのだが、この問題がなぜ許せないかをもっと慎重に議論しなければいけない。考えていく中で、もしかしたら、許せないって言っている自分が何がしか加担していると気づくかもしれない。悩みが深まる。でも、そんな揺らぎを受け止めてくれる時間はない。

ワイドショーでもニュース番組でもバラエティ番組でも、その中心にいるのは男性が多い。アナウンサーもコメンテーターも芸人も女性の比率は高まってきているように見えるが、その場を取り仕切るのはやっぱり圧倒的に男性。すると、そこにいる女性は、真ん中にいる男性に「合わせる」ことが求められる。真ん中にいるのが芸人ならば、その合わせ方が下手だと、「ここはこうやろ！なんでそうやねん、あかんわ〜」と、対応不足を指摘される（関西弁にしているのは、そういう場面の過半数が関西弁だから。偏見ではない）。

バラエティ番組には、「モデルやアイドルなのに、バラエティもイケる」存在が定期的に出てくる。しのぎを削る、というか、どんどん入れ替わっていく。その場を仕切っている人に迎合し、順応し、それが「イケる」という評価になる。その場で結果を出す（＝放送に使ってもらうようなやりとりをする）のは大変なことなのだろうが、仕切っている人が何を求めているかを察知し、そこに向かって身を投げていく行為は、正直、いつも同じだ。

自分は男性だし、タレントでもないのだが、その流れの中に少しも参加したくない。いまだにテレビの影響力は大きい。そのテレビの中で、仕切っている多くが男性。参加する多くの人が、彼らの顔色をうかがいながら話をする。これって、政治の世界とあまり変わらない。「ここはこうやろ！」に対して、「いや、別にそうじゃなくてもいいっしょ！」と返す場面を増やさなければいけない。中に参加したくないので、外から指摘し続けたい。「ここはこうやろ！」に対して、「違います！」「そうじゃないです！」と書く。単純な行為だが、これを続けたい。

たけだ　さてつ（ライター）

第Ⅱ部 インターネット空間とジェンダー

4 SNSと政治
――デジタル時代の民主主義

＊本章のキーワード＊
#MeToo　フェミニズム運動　対抗的公共圏　民主主義　分断社会

1 SNS時代の政治とメディア

これまで政治というと政治家や官僚、利益団体などによって行われるもので、マスメディアにおけるジャーナリズムはそれらのアクターの活動を報道することで世論形成に影響を与えると理解されてきた。「世論」は、民主主義社会の諸政治活動を正当化する「公衆の意見」として機能しており、マスメディアはこうした公衆（の意見）を作り上げると同時に、「世論」というものを可視化する重要な回路となる（Champagne [1990]2001=2004）。実際、テレビや新聞といったマスメディアは、政治過程に関わるアクターたちの多様な情報のなかで、ある情報は取り上げ、ある情報は無視するといった情報の取捨選択や編集過程を通じて、また、「世論調査」を実施し報じることを通じて政治に能動的に関わっている。そのため行政（政府）、立法（国会）、司法（検察や裁判）という三つの権力と並んで、第四の権力といわれる。

しかし、インターネットの発達とメディア環境の多様化により、こうした政治とメディアの関係は揺らいでいる。二〇〇〇年代以降、政治家や政党はホームページ、メールマガジン、ブログなどの「ソーシャルメディア」を使って情報発信しており、二〇〇五年には政府の広報活動としてインターネットテレビが開始され、また国会の審議もネットを通じて見られるようになった（蒲島・竹下・芹川 2018）。ソーシャルメディアとは、掲示板サイト、動画共有サイト、ブログなどをはじめ、Twitter や Instagram などのSNS（ソーシャル・ネットワーキング・サービス）を含む、インターネットやデジタル技術を用いたコミュニケーションの仕組みやサービスの総称である（松井・岡本 2021）。さらに二〇一三年には公職選挙法の改正が行われ、ネットを活用した選挙運動が認められるようになった。今や、政治家たちがSNSを通じて直接発信し、有権者もそれらに直接反応するなど、マスメディアを通すのではなく、ネットを通じた双方向的なコミュニケーションの回路ができている。本章では、ソーシャルメディアのなかでも、とりわけ、ユーザー間の交流とつながりを中心とするSNSの普及と利用拡大が政治にどのような影響を与えているかを考えていく。

インターネットやSNSの発達とともに、マスメディアの伝統的な影響力や信頼は落ち込んでいるといわれる。一九九六年に「Yahoo! ニュース」が開始され、二〇〇〇年代になると、ニュースを無料で見ることに慣れたネットユーザーが増えてきた。新聞の危機が言われるなか、主要新聞社は遅ればせながら二〇一〇年頃から有料の電子新聞としてデジタル版をスタートさせるなど、デジタル版向けのニュース・サービスを拡充しようとする動きが出始めた。しかし、これまでの情報の取捨選択や報道活動は、新たな表現のツールを手に入れた人々にとって攻撃の素材ともなった。政治家がマスメディアに不都合なことを報道されると、当該のメディアを名指し「フェイクニュース」、または「偏向報道」や「捏造報道」と攻撃することも見られるようになった。また、読者や視聴者が自分の意見と合わないマスメディアを「マスゴミ」と揶揄することもしばしばある。

インターネットの定着とSNSを通じたコミュニケーションの拡大は、政治とメディアの関係を揺るがす一方で、情報回路が多重的になることでさまざまな可能性も広げている。これまでは、男性支配的な政治過程のアクターたちの議論や活動が、再び男性支配的なマスメディアのゲートキーピング過程を経ることで、社会の重要な議題が選定されてきた（↓第8章）。しかし、SNSを駆使する市民や住民による直接的な問題提起は、#KuToo（↓コラム2）で見られるように、周縁化されがちだった女性たちの声が国会の議題となり、メディアでも取り上げられるようになるなど、既存の情報回路を覆しつつある。

2　SNSにおける多様な「声」の登場と拡散

政治とメディアは圧倒的に男性支配的な空間である。二〇一八年五月、「政治分野における男女共同参画の推進に関する法律」が成立し、各政党には選挙で候補者を男女同数とする努力義務が課されることとなった。ただしあくまで「努力義務」なので、実効性には疑問と課題が残っている。二〇二二年の日本のジェンダー・ギャップ指数（世界経済フォーラム）は、一四六カ国中一一六位だった。内閣府男女共同参画局は、「前回と比べて、スコア、順位ともに、ほぼ横ばいとなっており、先進国の中で最低レベル、アジア諸国の中で韓国や中国、ASEAN諸国より低い結果」（内閣府男女共同参画局 2022）となったと指摘している。特に、ジェンダー・ギャップが著しい分野は「政治」で、順位は前年より下がって一四六カ国中一三九位であった。

マスメディアに対しても同様のことが指摘されている。第2章でも見たように、マスメディアによって媒介された公共圏（Habermas [1962]1990=1994）は、しばしば「ブルジョア男性市民」像を基盤としていると指摘される（Fraser 1992=1999; 林 2002, 2008）。マスメディアの従事者（記者）は高学歴の男性が多くの割合を占めており、意思決定過程におけるジェンダー・ギャップも著しい。新聞では、女性記者は二二・四二%、女性の管理職は七・七一%、女性役員は三・一三%に過ぎない（日本マスコミ文化情報労組会議 2020）。また、在京民放テレビ局では女性社員が二一・三%を占めているが、報道部門、制作部門、情報制作部門のトップに女性は一人もいない（民放労連女性協議会 2021）。

しかし、近年、主要メディアにおけるジェンダー関連の報道は増加してきている（李 2021）。主要新聞社のジェンダー関連記事数の推移を見ると、一九九九年の「男女共同参画社会基本法」制定を迎え、一九九〇年代後半から二〇〇三年まで増加し、その後、ジェンダー・バッシングのなかでジェンダー関連記事は減り続けてきた。しかし、二〇一〇年代に入って徐々に増え続け、二〇一七年頃を境に過去のどの時期よりも多くのジェンダー関連記事が掲載されるようになり、この増加傾向は現在も続いている。近年のこうした傾向の背景には、ＳＮＳを駆使した女性たちの声が以前より目に見えるかたちで増えたことがあるのではなかろうか。

日本でもっともよく使用されているＳＮＳとしては、YouTube, Twitter, Facebook, Instagram が挙げられる（Newman et al. 2021）。表４−１は、ソーシャルメディアラボによる最新動向分析に基づいたユーザー

表 4-1　SNS の性別・年代別のユーザー動向 *

（%）

		10 代	20 代	30 代	40 代	50 代	60 代
YouTube**	女性	50	52	47	45	45	46
	男性	50	48	53	55	55	54
Twitter	女性	51	52	47	46	50	42
	男性	49	48	53	54	50	58
Facebook	女性	37	53	51	47	45	38
	男性	63	47	49	53	55	62
Instagram	女性	58	62	65	58	58	43
	男性	42	38	35	42	42	57

* ソーシャルメディアラボ（2021）「12 のソーシャルメディア最新動向データまとめ」を参考にして、筆者作成。女性の比率が男性より多い部分は網かけしている。
**YouTube はソーシャルメディアでありながら，チャンネル登録やコミュニティ機能があるなど，SNS としてもみることができる。

の性別、年代別のデータである。まず、確認できることは、ユーザーにおいてジェンダー・ギャップがあまり見られないということだ。メッセージを発信する「意思決定者」としてのユーザーに、ジェンダー・ギャップがあまり見られないのは、マスメディアを通じてはそれほど聞くことのできなかった女性たちの声が、ＳＮＳを通じてより聞こえるようになったことを物語る。具体的に見てみると、二〇代の女性ユーザーは同年代の男性と比べ、どのＳＮＳでも多いことがわかる。もちろん、三〇代以上では男性のユーザーが多くなる傾向はあるが、三〇代以下の若い世代では女性のユーザーが多く、マスメディアに比べ、ＳＮＳは特に若い世代の女性の声が聞こえる空間であるといえる。

ソーシャルメディアの持つ「誰でも発信できる」という特徴は、当事者が自らの視点で作成したメッセージを発信し、出会ったことのない人々と双方向的に交流できることである。普段は個人的な関心や興味に基づいた交流の場であっても、社会の出来事に応じてＳＮＳ上でハッシュタグなどを用いながら、個人的な経験や認識を共有することで、当該の出来事に対する共通言説と世論を形成していくこともある。それはオンラインだけでなく、オフラインでの集合行動もともなうことがある。二〇一〇〜二〇一一年のアラブ世界におけるSNSを用いた民主化運動でも、二〇一一年の「われわれは九九％」というスローガンとともにアメリカにおける富の集中や格差を是正せよと求めた #OccupyWallStreet でも、また、二〇一三年以後のアフリカン・アメリカンに対する人種差別の撤廃を求める #BlackLivesMatter でも、既存の政治やマスメディアでは抑圧された、またはあまり注目されなかった人々の個人的な経験や認識がSNSを通じてつながり、増幅され、拡散されたことが明らかになっている。それは、性被害経験を共有しながら、性暴力や性差別撤廃を求めた #MeToo でも見ることができる。

3　デジタル時代の新たな政治——フェミニズム運動と対抗的公共圏

二〇一七年末以来、#MeToo はSNSを中心に、日本を含めグローバルな反響を呼び起こした。「MeToo」という言葉自体は、二〇〇六年、黒人女性を中心とする性暴力被害者支援を行っていたタラナ・バークによって作られたものである。同じ性被害経験を持っていたのに、一三歳のサバイバーに「MeToo」と言えなかった彼女はそれを改める思いで、当時アメリカでよく使われたSNS、MySpace で「MeToo」を掲げた運動を始めた。その後、二〇一七年の #MeToo にいたるまで、SNSでは、女性に対する暴力に関するさまざまなハッシュタグが形成された。アメリカやヨーロッパでは、#YesAllWomen（二〇一四年）、#WhyIStayed（二〇一四年）、#BeingRapedNotReported（二〇一四年）、#ShoutYourAbortion（二〇一五年）などがあった。隣の韓国でも、#나는_페미니스트다（私はフェミニストである、二

○一五年）、#○○_내_성폭력（○○内性暴力、二〇一六年、○○には文化界、オタク、教育界、大学、スポーツ界などの言葉が入る）というかたちで、SNSを通じた性暴力告発や性被害経験の共有とフェミニズムの大衆化が見られた。こうした蓄積を背景に、二〇一七年一〇月、『ニューヨーク・タイムズ』などによる、ハリウッドの映画プロデューサー、ハーヴェイ・ワインスタインによる数十年にわたる性被害告発の記事と、映画俳優のアリッサ・ミラノによる性被害経験をTwitter上で共有しようという#MeTooの呼びかけは、アメリカはもちろん世界中に拡散していったのである。

#MeTooを通じた個々人のストーリーの共有は、まさに第二波フェミニズムが掲げた「個人的なことは政治的なこと」を示している。#MeTooは、性被害が映画界や芸術界を含め、家庭、職場、宗教、学校、政治、スポーツなど、人間社会のありとあらゆる生の領域で起きていることを示すと同時に、その根底にはジェンダー化された権力不均衡の社会構造があることを指摘する（李 2019）。それは、第二波フェミニズムで、女性が経験するさまざまな困難を「政治性」のない「個人的なこと」として切り離す社会に対し、女性たちの個人的な経験の集合から見える社会構造の問題を意識化するため、「個人的なことは政治的なこと」というスローガンが掲げられたこととつながっている。#MeTooでも、「私も」という個々人のストーリーの共有とそれに連帯しようとした人々の集合的な声が、性被害を「個人的なこと」として矮小化せず、社会構造的なもの、すなわち「政治的なこと」と提示したのである。

SNSを駆使した#MeTooなどの**フェミニズム運動**は、インターネットを通じた双方向的コミュニケーションに慣れている、いわゆるデジタル・ネイティブ世代に主導されている。デジタル時代のメディア文化を論じたヘンリー・ジェンキンズは、双方向的コミュニケーションに慣れているユーザーたちは、メディア・コンテンツを一方的に消費することで終わるのではなく、メディア・コンテンツの二次利用、ユーモアや風刺を交えたコメントやレビューの作成、グラフィックや音楽を巧みに利用したビジュアル・コンテンツの生成、そして、プラットフォームを超えた共有と拡散を瞬時に行う参加型文化を作り上げているという（Jenkins 2006=2021）。こうした参加型文化は、ある問題状況に対する個々人のつぶやきのなかから、それらを包括するようなスローガン（アクション・フレーム）を登場させ、SNSを通じて急速に拡散させるような土壌を作り上げている。そして、こうしたスローガンを掲げながら、個々人が自分のストーリーを共有する「コネクティブ・アクション（connective action）」（Bennett & Segerberg 2013）が行われる。コネクティブ・アクションとは、デジタル時代に見られる個人化された政治参加のあり方を説明するための用語で、経済格差や気候変動問題などについて、人々が「個人化された語り」をもってネット上の（大規模な）ネットワークを形成する行動を意味する。まさに #MeToo というスローガンとともに、個々人が自分たちのストーリーを共有し、性暴力と性差別の問題を訴えていたことも、こうした参加型文化のなかでのコネクティブ・アクションとして理解できる。

こうした点で、SNSは既存の政治やマスメディアでは沈黙、または周縁化されていた人々にとって**対抗的公共圏**を形成し、大衆的な行動を呼びかける良いツールとなっている。ユルゲン・ハーバーマスの公共圏論を批判的に検討したナンシー・フレイザーは、従属的な社会集団の構成員たちが、「マス」（＝ブルジョア男性市民）の利害関心に支配された公共圏に対抗できる社会的空間、すなわち、対抗的公共圏を構築することで、支配的公共圏では矮小化、周縁化されがちな苦痛をくみ上げ、社会問題として練り上げていくことができると論じる（Fraser 1992=1999）。女性たちはまさに周縁化されてきた自分たちの経験を言語化する空間としてネットやSNSを活用し、互いの顔や名前を知らない人々同士が似たような経験や関心のもとで対抗的公共圏を形成している。そして、今日のフェミニズム運動は、既存の女性運動組織の枠を超え、SNSのフォローや友達申請によるネットワーク、女性たちだけのコミュニティ（電子掲示板やチャットルーム）、オンライン放送（ライブ配信やPodcast）、または#MeTooや#KuTooなどのハッシュタグで媒介された公衆として現れている。

たとえば、韓国ではネット上に蔓延するミソジニー（女性の外見を品評するなど、女性を卑下する言説と行動）に怒った女性たちが「女性に向けられた言葉」を「男性に向け返す」というミラリング戦略をとる、女性たちのみが活動する「メガリア」というウェブサイトを立ち上げた。互いの名前も顔も知らない普通の女性たちが、ネット上の議論を通じ、一六年間も続いた不法撮影物サイト（ポルノサイト）を閉鎖させ、また盗撮などデジタル性犯罪の問題をオンライン、オフラインでのキャンペーン活動を通じ、社会問題として大きくクローズアップさせた。男性の視点が支配的な政治やマスメディアではあまり注目されなかった問題が、社会問題として大きく取り上げられ、新たな法案が次々と議論、立法化された。

このように、ネットやSNSを用いた対抗的公共圏の形成は、これまでの政治やマスメディアでは取り上げられなかった事柄や周縁化された視点を、より直接的なかたちで公衆の議題として浮上させる、新たな情報回路を作り出している。ネット上の動きを追うかのように、政治やマスメディアが反応することによって、さらにより多くの人々がその議題に触れ、議論するようになる。普段は日常の親密な空間として使われるSNSが、ときには性暴力と性差別に反対する世論を形成していく、政治的議論の場ともなるのである。その点でデジタル時代の政治は、まさに個人的な空間で個人的なストーリーをつぶやくことが、「政治をする」ことになる、新たな政治のあり方を見せている。

4 SNSは民主主義の敵か味方か――結束と分断のなかで

ネットやSNSの発達は、#MeTooやフェミニズム運動で見られたように、「マス」に括られない、多元性に満ちた複数の対抗的公共圏を形成し、支配的公共圏を民主化する可能性を見せている。しかし、SNSと政治に関する議論では、分断による民主主義の危機が長らく憂慮されてきた。

インターネットの発達とともに、個人の趣味や関心によってネット上の情報を最適化することのできるサービスが増えてきた。このように、「個人化」された情報環境では、似たような視点や意見に基づく情報だけに接する可能性が高くなり、自己の意見や信念を増幅、強化させる「エコー・チェンバー(echo chamber)」を形成する。キャス・サンスティーン(Sunstein 2001=2003)は、「個人化」が進むインターネットでは、異なる経験や視点を持つ人々が集まり議論するような場は失われていく可能性が高く、逆に同じ経験や視点を持つ者同士は議論の幅を狭めていき意見が尖鋭化する可能性が高いとして、それを「集団分極化」と論じた。また、イーライ・パリサー(Pariser 2011=2012)は、ユーザーの検索履歴や閲覧履歴などの情報に基づき、ユーザーまたはユーザーと似たようなグループ(カテゴリー)の人々が次に「何をするか」または「何が欲しいのか」などをアルゴリズムで予測し提示する情報環境のことを「フィルターバブル(filter bubble)」と呼んだ。そして、ユーザーは、それぞれが気づかないうちに自ら作り上げる情報フィルターの泡(バブル)、フィルターバブルに閉じ込められてしまう危険性があるという。パリサーは、フィルターバブルは、同じもの/似たようなもの同士の「つなぐ」資本(bonding capital）は強化するが、民主主義の核心となる異なるもの同士を出会わせるような「橋渡し」資本（bridging capital）は弱めるとして、ネット上の分断または分極化がますます深刻になる可能性があることを指摘する。

こうした「**分断社会**」に対する憂慮は、二〇一六年と二〇二〇年のアメリカ大統領選挙をめぐる現象のなかで際立った。二〇一六年の大統領選では、共和党のドナルド・トランプ候補と民主党のヒラリー・クリントン候補が選挙戦を繰り広げていた。MITメディアラボの分析によると、それぞれの支持者は、Twitter上で分断を形成しており、トランプ支持者は、クリントン支持者より閉じた狭い相互作用のネットワークを作っていた（Thompson 2016）。当時、ジャーナリストたちはTwitterの相互作用のネットワークのなかで、トランプ支持者と出会うことがほとんどなく、大統領予測において大きな失敗にもつながったという。また、二〇二〇年に行われたアメリカ大統領選挙においては、「不正選挙である」と訴える全米のトランプ支持者たちがSNSを通して団結し、二〇二一年一月六日に連邦議会議事堂を襲撃するという事件が起きた。次期大統領就任を確定しようと開かれた議事堂を襲撃したもので、重軽傷を負った人々が続出し、器物破損などの被害も生じた。民主主義の象徴ともいえる議会の機能が一時停止するような事態にいたったことで全世界に衝撃を与えた事件であった。

こうした過激な行動に出た人々は、陰謀論や偽情報を真実であると信じ込み、自らの「正義」を掲げて行動に出た者たちが多かった。人々は大量の情報を処理する過程で、すでに信じ込んでいることを支持するような証拠を探し出し、既存の信念を強化する傾向がある。それを「確証バイアス（confirmation bias）」という。フィルターバブルのなかで過激な意見に接触する機会が多くなればなるほど、虚偽情報にも接しやすい。それらの情報は、事実かどうか疑われることなく、すでに持っていた考え方や信念を強化、正当化する好材料として受け入れられる。偽情報には、ある人やグループに害を与えようと意図的に作られた虚偽情報の「ディスインフォメーション（dis-information）」、ある人やグループに害を与えようと真実の情報を用いる「マルインフォメーション（mal-information）」、そして、害を与える意図はないまま生産された誤情報の「ミスインフォメーション（mis-information）」がある（Wardle & Derakhshan 2017）。そして、偽情報が「真実」の証拠として広く流布され受け入れられるという「ポスト真実（post-truth）」の現象が見られている。

#MeTooやフェミニズム運動もこうしたSNSの偽情報や誹謗中傷にさらされてきた。「マス」（＝ブルジョア男性市民）の視点に基づき秩序づけられた社会は、既存の安定した秩序に不安定さをもたらす異質なものを排除、抑圧しようとする。フェミニズム運動の歴史は、運動が盛り上がれば盛り上がるほど、「マス」からバッシングも受けながら社会を進展させてきたことを物語る。それは、デジタル時代においても同様である。#MeTooやフェミニズム運動を行う人々を、さまざまなかたちで排除、抑圧しようとする動きが現れているのである。日本における#MeTooの象徴的な人物である、フリー・ジャーナリストの伊藤詩織さんは、さまざまな虚偽情報を流布され、誹謗中傷や脅迫にさらされてきた。また、二〇一八年から、女性の議員、弁護士、市民活動家らに、注文していない下着などを大量に送りつける事件が相次いでいる。性暴力や性差別の撤廃、性被害者支援などを行っている女性、まさに「声を上げる」女性たちをターゲットにし、女性に求められる「女らしさ」（従順であり、わきまえている）に違反したとして、「処罰」しようとする行為である。声を上げる女性を沈黙させようとする社会文化が持続す

るのであれば、議会政治に参画する女性を増やそうとしても、その実現は難しいであろう。

5　ジェンダーの視点から考えるSNSの空間

ネットやSNSの発達による「分断社会」と民主主義の危機に関する議論は、異なるもの同士をつなげ、議論と統合の場を求めているように見える。一方、「マス」による統合から排除され周縁化された人々にとって、SNSは似たような経験や関心を持った人々のネットワークによって、個々人の経験を言語化し、対抗的言説を生産、流布、拡散することのできる、民主主義をより進めていく場となる。一見、矛盾するように見えるSNSと政治をめぐる議論は、しかし、複数の分散された公共圏を既存の「マス」の視点でつなぐことはもはやできないことを如実に物語っている。

ジェンダーの視点からネットやSNSの空間を見ると、既存の政治のあり方やマスメディアに媒介された公共圏とは異なる新たな政治の可能性を見出すことができると同時に、さまざまな課題も露呈している。私たちはデジタル情報化社会のどのような未来図と展望を描くべきであろうか。多元性と差異に満ちた分散のなかでも、分極化し過激化するのではなく、それらを民主的、普遍的な価値に束ねることのできる市民文化や政治文化を醸成していく必要があるのではなかろうか。そのために、どのような工夫が必要であるのか、読者のみなさんとともに考えていきたい。

（李　美淑）

第4章の基本文献

サンスティーン、C・R 二〇〇三『インターネットは民主主義の敵か』石川幸憲訳、毎日新聞社。

パリサー、E 二〇一二『閉じこもるインターネット――グーグル・パーソナライズ・民主主義』井口耕二訳、早川書房。

ジェンキンズ、H 二〇二一『コンヴァージェンス・カルチャー――ファンとメディアがつくる参加型文化』渡部宏樹・北村紗衣・阿部康人訳、晶文社。

5　巨大IT産業
――テクノロジーに潜むジェンダー・バイアス

＊本章のキーワード＊
アルゴリズム　ＳＴＳ（Science and Technology Studies）　デジタル・テクノロジー　コミュニケーション資本主義

1　テクノロジーが映すジェンダー・イメージ

今試しに、あなたが手にしているスマートフォンで“beautiful woman”と入力して、グーグル画像検索をかけてみよう。そこには多くの女性の顔が映し出されるが、その多くは、ほりが深く肌の色は白色系、髪の毛はブロンド／ブルネットの女性である。その検索結果に違和感を抱く人は少ないだろう。だが、ここで素朴な疑問を持ってほしい。どうしてそれは「美しい女性の顔」として表示されたのだろうか。誰が／どこで／どのようにして、検索結果を弾き出しているのだろうか。スマホ画面に現れる「顔」のほかに、美しい女性イメージは存在しないのだろうか……。

日頃ネットを使っていて検察結果についてそんな疑問を抱くことはないし、その必要も感じられないだろう。だが、ジェンダーとメディアの関連をテクノロジーという視点から考えるうえで、この素朴な疑問が出発点となる。なぜなら、テクノロジーとジェンダーの結びつきを反省的に問い直すヒントが、そこに潜んでいるからだ。

具体的に考えてみよう。誰が検索結果を出しているのか。言うまでもなく、答えは「ヒト」ではない。人口に膾炙した検索エンジンという言葉が端的に示すように、ネットにあふれる膨大な情報のなかから的確な結果を選び出すのは「マシーン」である。巨大IT企業はユーザーが求める情報に的確に応えるために、最先端技術を駆使した**アルゴリズム**やAIの開発に余念がない。簡単なキーワードを入れるだけで「美しい顔」がスクリーンに映し出される裏では、これら「見えない」テクノロジーが活躍している。

では、どうしてマシーンは「美しい」との判断を下すことができるのだろうか。その答えは、膨大な量のデータを自動処理するからだ。人々の間で「美しい」と評価されているイメージに照らして、マシーンは個々の顔を美しいかどうか判断する。では、そのイメージの素となるデータは、どのようにしてもたらされるのか。近年、機械学習の飛躍的な進展が注目されているが、マシーンが作動・学習するうえで不可欠なデータそれ自体は、何かしらのかたちで技術者によってインプットされる。そこには「ヒト」の手が深く関わっている。この事実に目を向けることが、ジェンダーとテクノロジーの結びつきを考えるうえで必要不可欠である。なぜなら、マシーンが客観・中立的に単に「事実」を表していると受け取られがちな検索結果には、実のところ人や社会の価値観が根深く潜んでいるからだ。マシーンの作動にヒトが関わることで、特定のイメージと規範がテクノロジーを介して作り上げられていく。そのプロセスとメカニズムを解き明かすことが、今日のメディア／ジェンダーの結びつきを研究するうえでの課題である。

こうした問題意識をもって身の回りのテクノロジーを眺めると、そこにさまざまなかたちでジェンダー・イメージが表象／反映されていることがわかる。たとえば、家庭で家事・炊事をサポートするAIや利用者を優しく誘導するATMの声は、どこか女性的である。また、ポピュラー文化が最先端テクノロジーを取り上げる際にも、特定のジェンダー観が映し出される。たとえば、完璧なサイボーグの開発に取り憑かれた男性エンジニアを主人公にした『Ex Machina』（アレックス・ガーランド監督、二〇一五年）では、ヘテロ男性の性的欲望の対象／憧れとして女性サイボーグが描かれていた。SF世界でのマシーン／女性表象が、より世俗的なセックス産業でのロボット・テクノロジーへの取り組みと地続きであることは、あらためて言うまでもない（Opray 2017）。

こうした事例からわかるのは、社会の隅々に浸透した最先端テクノロジーは一見すると客観的でバイアスと無縁と思われがちだが、その開発・導入・普及の過程で既存のジェンダー規範と密接に結びついているという事実である。テクノロジーにおけるジェンダー問題に着目してきたのは、フェミニズム的問題意識に支えられた一連の研究潮流である（飯田 2020）。それ以前にも科学や技術が社会で果たす役割を社会科学の視点から分析する研究は、**STS**（Science and Technology Studies 科学技術社会論）として取り組まれてきた。だが、そこでジェンダーをめぐる問いが正面から論じられていたとは言い難い。そうした状況のもとで、フェミニズム的STSは「女性とテクノロジー」を正当な研究テーマに据えることを訴えてきた。それは学術研究それ自体に潜む男性中心主義的な傾向への批判的な問いかけにほかならない（Adrian et al. 2018）。より哲学・思想的なフェミニズム研究では、標榜される客観性とは裏腹に近代テクノロジー自体がきわめて男性中心主義的な認識論・存在論に根ざした実践であり、それが社会に普及することで男性による支配があたかも自然で当然であるかのごとく再生産されてきた点が厳しく問われたのである（Harding 2006=2009）。

フェミニズムの観点からとらえ直すことで、テクノロジーは社会でのジェンダー関係から規定を受けると同時に、その使用がジェンダーをめぐる力関係を形成していくという二重性が理解できる。それは**デジタル・テクノロジー**にも当てはまる。日々の生活でスマートフォンとインターネットが不可欠のツールとなっている現在、人々の多くは最新デジタル機器を便利な道具として歓迎している。だがそこには、これまでのテクノロジー同様、ジェンダーをめぐる問題が潜んでいる。だからこそ、客観的で正確な未来予測を可能にすると喧伝されるビッグデータへの期待が膨れ上がりつつある近年、デジタル・データに潜むジェンダー・バイアスを問いただす研究の必要がフェミニストによって唱えられるのである（Corbyn 2020）。

来たるデジタル時代は、「ヒト」の判断に起因する偏りとは無縁な「マシーン」による膨大な情報収集・蓄積・分析・応用として理解されがちだ。だが実のところ、デジタル処理されたデータは人種・エスニシティとともに性差に関して中立的でなく、むしろ既存社会での差別と偏見を色濃く反映している。近年「データフェミニズム」や「サイバーフェミニズム」として注目されるフェミニズムの新たな動向は、デジタル技術がジェンダー・ポリティクスをどのように反映・生成・再生産しているかを解き明かそうとする知的かつ政治的な試みである（D'Ignazio & Klein 2020）。

2　アルゴリズムによる「偏り」

冒頭で触れた検索マシーンに代表されるように、処理能力で「ヒト」よりはるかに優れた「マシーン」が大量の情報を分析・評価することがデジタル社会ではごく当たり前になされている。その現実を目の当たりにして、どこか不安げに「いつの日か人間はＡＩに取って代わられてしまうのではないか」といささかＳＦ的な危惧を抱くことはあっても、すでに現在マシーンが偏ったジェンダー・イメージや特定の男女観を押し付けていると憤ることはない。なぜならＡＩやビッグデータという流行り言葉に対して、個人や組織による偏りに影響されることのない公正で客観的な、その意味で正しい判断を可能にしてくれる最先端テクノロジーというポジティブな印象が抱かれているからだ。将来自分の職が無用の長物になるのではないかと不安を抱く理由は、ヒトと比較してマシーンはより効率的で正確で正しい答えを瞬時に出せると信じているからである。

だが、そうした素朴な技術信仰とは裏腹に、コンピュータ・アルゴリズムによるデータの分析・評価にバイアスがないわけでは決してない。むしろそこには、ジェンダーをはじめ人種・エスニシティをめぐる根深い偏見が存在することを調査研究は示している（Gutierrez 2021）。

では、中立・客観的であるはずのマシーンによる情報分析の結果に偏りが生じるのは、どうしてなのだろうか。それは現段階のテクノロジーが未熟であることに起因する、いつの日か技術革新によって乗り越えられる今日的な限界に過ぎないのだろうか。

これまでＳＴＳがさまざまな事例に即して明らかにしてきたように、新たに開発・導入されるテクノロジーは既存社会での格差や差別と無縁ではありえない。もちろん、技術開発によって従来解決困難であった課題が解消されることは十分にありうる（たとえば、自動車の開発は移動に要する時間を飛躍的に短縮した）。だが、それと同時に、新たなテクノロジーがこれまでの社会問題を別のかたちで引き継いだり、さらに新たなかたちで拡大することもめずらしくない（自動車社会のもとで視覚障害者は以前よりも危険・脆弱な立場に置かれる）。その点で、近年のコンピュータ・アルゴリズムにおけるジェンダーをめぐるバイアスの存在は例外的なものでなく、技術と社会との関係を示す範例として理解する必要がある。

あらためて言うまでもなく、コンピュータ・プログラムを組み立て、そこに初期データを投入するのは「ヒト」である。ここで注視すべきは、これまで諸研究・調査が明らかにしてきたように、コンピュータ・サイエンスやデジタル・テクノロジー産業の世界は圧倒的に男性優位であるという事実である。そこでの優位は、単に専門家・エンジニア・就業者の数だけの問題ではなく、関連組織・機関における地位や役職なども含んでいる。デジタル・テクノロジー産業というビジネス界での経済的・政治的な力関係には、色濃く「男性性」が見て取れる。そのことは大学での「コンピュータ科学」や「エンジニアリング」の学位取得者に占める女性比率を見れば一目瞭然だろう（STEM Women 2022）。それは圧倒的に「男子の学位」なのである。こうした事実に真摯に目を向ければ、現在最先端テクノロジーの世界を作り上げ、それを担い、そこで権力を握っているのが「男性」であることに疑問の余地はない。

デジタル・テクノロジーの世界が圧倒的に男性優位である現状のもとで、男女格差が歴然と存在する社会のジェンダー規範に則った価値基準や判断指標が「客観的なデータ」に反映されるのは、至極当然の帰結だといえる。それは技術開発やビジネスの現場に関わる個人の資質や人格に帰因するものではなく、デジタル文化が再生産される〈界〉自体に潜む問題にほかならない。女性の社会進出がある程度達成された現在においてもなお、最先端デジタル・ビジネスの世界がいまだ「男性の、男性による、男性のための」テクノロジー開発を続けているならば、そこから生み出される情報やデータに色濃くジェンダー・バイアスが見て取れることに何ら不思議はない。客観・中立な観点から物事を分析・判断・評価することを旨とする科学・技術という社会的実践には、既存社会における男女の力関係をめぐる諸要因が深く影響を与えている（小川 2001）。それは偶然によってたまたま起きた出来事ではなく、ある種の必然に根ざした当然の帰結なのだ。だからこそ、現在のメディア・テクノロジーとジェンダーとの関係を理解するうえで、デジタル技術を介して生み出される男女間格差という事実に目を向けることが重要である。

現在、ＧＡＦＡ（Google, Amazon, Facebook（現在は Meta), Apple）と呼ばれる巨大ＩＴ企業は、インターネットを介して膨大な情報がやり取りされる「プラットフォーム」を寡占することで絶大な力を誇っている。各種プラットフォームにおいてインターネット・ユーザーは、主体的で能動的な「市民（citizen）」というよりも巧妙なマーケティング戦略によって操られる「消費者（consumer）」としての側面を色濃く持つことが、これまでの研究で指摘されてきた（伊藤編 2019）。ネット世界の現実は、かつて夢見られたような誰もが自由に意見を主張し合い制限のない議論が活発に交わされる自由な言論空間とはほど遠いものである。ＧＡＦＡの圧倒的な優位が物語るように、プラットフォーム上でのやり取りから得られる顧客に関する膨大で詳細な情報の収集・蓄積・分析を通して、従来とは異なる社会・文化的な権力が発揮されている(Zuboff 2019=2021)。それを可能にするのが自動化された情報収集・処理にほかならない。そうだとすれば、アルゴリズムやＡＩに潜むジェンダーをめぐる偏ったイメージや偏見に満ちたステレオタイプ、さらに差別的な表象が現実社会に多大な影響を及ぼすであろうことは想像に難くない。

特定の価値基準に左右されずあたかも科学的に中立であるかのごとく受け止められがちなデジタル処理されたデータは、実際には特定の立場や価値に深く根ざしている。若年層を中心にテレビや新聞など旧来型マスメディアに比してソーシャルメディアが影響力を増している今日、最新テクノロジーとジェンダーとの関係を批判的に検討することが喫緊の課題であろう。

3 IT産業によるジェンダー差別の再生産

今では、若年に限らず各年代層がソーシャルメディアを日常的に使うことが当たり前となっている。カルチュラル・スタディーズの始祖の一人と称されるレイモンド・ウィリアムズの「文化とはありふれた日常的なもの(Culture is ordinary)」との言葉をもじって言えば、今やＳＮＳはありふれた日常風景である(SNS is ordinary)。だが、最先端のデジタル技術を介して作り上げられる他者との社交は、快適さや楽しさを実感できる自由な場であるだけでなく、従来からのさまざまな偏見や格差が新たなかたちで生み出される差別の空間でもある。その点で、ＩＴ産業がもたらすソーシャルな関わりはきわめて両義的な性格を有している。

ＩＴ産業が生み出す情報環境の特性を論じるうえで、以下の三点に注目することが重要である。第一に、今日的なメディア接触・受容の変化のもとで、旧来マスメディアと比較してＩＴ産業が提供する各種SNSの普及と利用が高まっている。とりわけ若年層では、時事問題や政治ニュースを知るうえでテレビや新聞に代わってSNSが主たる情報源になりつつあることを調査結果は示している（渡辺 2019）。

第二に、インターネットで交わされるコミュニケーションの傾向を論じたこれまでの研究が「サイバーカスケード」（Sunstein 2001=2003）や「フィルターバブル」（Pariser 2011=2012）という用語で解説してきたように、プラットフォームを介したコミュニケーションでは自分と似た意見や考えの人たち（like-minded）と出会うことが多く、その結果、相手とやり取りを続けていくうちに同じ意見がより強固に抱かれる傾向が強い。つまり、反論や異なる立場に触れる機会が構造的に低減されるため、特定の意見があたかも唯一の真実であるかのごとくくりかえされる傾向がネットでのコミュニケーションに見て取れる。

第三の特徴は、こうした他者とのコミュニケーションにおける偏りと一面性が不可視化される点である。旧来型のマスメディアであれば、たとえ特定の偏った意見をメディアから与えられたとしても、それと異なる意見や立場に触れることがごく自然に生じていた。たとえば、テレビであればニュースや報道番組では「公平性」や「客観性」を建前として対立意見や異なる立場がある程度は盛り込まれていた。だが、ネットのプラットフォームではマスメディアに求められる報道原則は必要とされない。なぜなら、巨大IT産業は自らをメディア企業ではなくテック企業と自認しているからだ。その結果、たとえ事実に基づかない偏狭な意見やあからさまな虚偽に根ざした見解であったとしても、それ以外の立場との比較や対比を通して是正されたり、反省的に自覚されることが少ない。むしろ、「同じような人々」の間で投稿やコメントが盛り上がることで、そこで得られるアクセス数やフォロワーの数といった「客観的な数値」を根拠に自らの主張が正当化されることがめずらしくない。

以上述べたように、マスメディアと比較した際のソーシャルメディアの特徴として、近年の普及・利用の急速な高まり、交わされる意見の同質性と均質性の高さ、意見や立場の偏りの不可視化が指摘できる。これらの特徴はジェンダーをめぐる問題にも当てはまる。これまでの研究が指摘してきたように、インターネットの世界では露骨な女性差別的発言や表象が後を絶たない。それは一部の過激サイトやあからさまにミソジニー(女性嫌悪)を標榜する投稿に限られない。SNSでのごく一般的な投稿や何気ないやり取りのなかにも、既存社会にはびこる女性蔑視や差別を助長し再生産するような発言は見て取れる。このありふれた現実を念頭に置いたうえで、アルゴリズムやAIの外見上の客観性や中立性が引き起こす問題を考える必要がある。

Facebookの共同創業者・CEOのマーク・ザッカーバーグが唱えるように、より多くのユーザーが互いに「つながる」ことや「シェアする」ことを巨大IT産業が自らのミッションに掲げるのは、それが自社の莫大な利益につながるからである。人種・言語・宗教などさまざまな違いを超えて多様な人たちがSNSを介して出会い/つながり/分かち合うことを是とするソーシャルメデイアの道徳的モットーは、実のところ巨大プラットフォームで交わされるさまざまなやり取り=情報を新たな「商品=データ」として新規ビジネスを企てようとする**コミュニケーション資本主義**のもくろみと分かちがたく結びついている。

ソーシャルメディアが声高にアピールする社会的使命と抜け目なく追求するビジネスとの結びつきのもとで、ジェンダーをめぐる格差や差別が助長され、新たなかたちで再生産されていく。なぜなら、より多くのユーザーの注目と関心を引きつけ、より多額の利益を生み出すものであるかぎり、巨大ＩＴ産業はたとえ公式の場で口先だけの危惧を唱えたとしても、現実社会での偏見や差別の是正に本気で取り組むことなどないからだ。そのことは、これまで人種やエスニシティをめぐる差別的投稿の問題やユーザーに関わる個人情報保護に関してFacebookをはじめＩＴ産業がどのような対応をしてきたかを振り返れば明らかである。さまざまな問題が生じ当事者・関係者からの異議申し立てを受けても、ＩＴ産業はきわめて消極的で自己防衛的な対策に終始してきた。そうした姿勢からは、解決策を提示するまでに多くの時間をあえて費やすことで、その間にロビー活動を通じて自社利益を守る制度・政策を実現させようとする思惑が見て取れる。この事実を踏まえれば、ジェンダーをめぐる偏見や差別がデジタル・テクノロジーを介して再生産される現状への対策として、ＩＴ産業による自主的かつ積極的な取り組みを期待するのは非現実的である。なぜなら、リベラルな自社イメージの演出や企業理念としてのダイバーシティへの賛同にもかかわらず、テック産業はコミュニケーション資本主義の精神にきわめて忠実であり、何であれ利益を生み出すものならば、それを自ら否定・拒否することなど断じてないからだ。

今日、アメリカ合衆国やヨーロッパ諸国で偏見や差別に根ざした人種・民族の対立や分断を煽ることがネット・ビジネスとして成立している（阿部 2019）。たとえば、経済的な苦境に追いやられているユーザー・国民からより多くのアクセス数と支持を獲得するために、エスニック・マイノリティや移民の増加を苦境の「原因」と断定し、その否定的イメージをことさらに強調した発言・宣伝を繰り広げるＳＮＳ上のサイトなどがその典型である。二〇一六年のトランプ大統領誕生の際には、そうしたネットでの差別・偏見とビジネスとの結びつきが注目された。それと同様に、既存社会に蠢《うごめ》くジェンダー差別へのニーズが厳然と存在し、プラットフォームを通してそれに発言の機会を与えることがビジネスとなるかぎり（Gerrard & Thornham 2020）、ＩＴ産業はそれを容認／継続するであろう。

4　デジタル・テクノロジーの可視化に向けて

現在、多くの人にとってＳＮＳは便利な道具として生活に欠かせない。だが、そうした身近なソーシャルメディアがジェンダー差別を再生産しているので、企業の自浄努力や自主規制ではなく外部からの働きかけが必要である。そんな主張を耳にしたら、読者の多くは驚くだろう。近年世間を賑わせる誹謗中傷やイジメ事件などを念頭にＳＮＳへの介入の必要を感じながらも、国家規制ではなくプロバイダーなど業界団体による取り組みに委ねるのが民主主義社会として望ましいと考える人も少なくないだろう。

だが、過去の経緯を振り返るかぎり、そうした期待の現実味は乏しい。その最大の理由は、これまでＩＴ産業は自らをメディア企業とは考えず、あくまで情報発信・受信の場＝プラットフォームを提供しているに過ぎないと主張してきたからだ。情報の中身に関与しない姿勢を、テック企業は貫いてきた。だが近年、その無責任ともいえる姿勢は批判を受け、各国の法制度も変わりつつある。今後、プラットフォーム企業をどのような法規制のもとに置くべきかをめぐる議論がさらに高まるだろう。

私たちの日常を振り返れば、ソーシャルメディアを介した膨大な情報がもたらす「意味」が日々の生活で大きな位置を占めていることに異論の余地はない。すでにＩＴ産業は快適な日々を送るうえで不可欠な条件＝環境を作り上げてしまっている。水や空気など自然環境が汚染され健康被害が危惧されれば、その改善が当然のごとく求められる。それと同様に、日常を取り囲む情報環境が「健全な」状態でないならば、その是正が必要とされるのは当然ではないだろうか。これまでの議論で見てきたように、デジタル・テクノロジーが映し出すイメージにはさまざまな偏りと歪みが見て取れる。だとすれば望ましい情報環境を「保全」するうえで、ジェンダー差別の解消が必要である。

今日的な情報環境の問題に取り組むうえで何より求められるのは、企業機密のもとに行われる情報収集・蓄積・分析・応用のプロセスの透明化である。現在、ユーザーはさまざまなアプリをダウンロードする際に事細かな規約を了承させられる。だが、あまりに専門的で長文にわたる規約文書が何を意味し、それが自らのネット利用にどのような帰結をもたらすのかは、多くのユーザーにとって謎であろう。実際には、便利なアプリをダウンロード／利用するために画面に表示される「同意します」をなかば自動的にクリックすることが常と化している。そうして得られたユーザーからの同意を根拠に、企業は自らに都合よく顧客情報を商品としてやり取りしている。プラットフォーム上で「自由に楽しく」過ごしているユーザーは、実のところはきわめて弱い／不利な立場に置かれているのだ。現在、ＧＡＦＡがどのような思惑のもとで、どのようなプロセスを通じて、何を目的にユーザーの個人情報を処理しているのかは、依然としてブラックボックス化されたままである。ここに見て取れる巨大ＩＴ産業の秘密主義体質の最たるものが、企業機密としてのアルゴリズム開発にほかならない。

巨大企業が支配する情報環境の現実を目の当たりにすると、その力に対抗することはきわめて難しいものに映る。確かに、日々ごく当たり前になかば無自覚に利用しているＳＮＳを介して、特定のジェンダー観に基づく偏見や差別が再生産され、しかもそれが客観的で中立なものと受け止められがちであるならば、その解消を目指すのは至難の技に思われるだろう。だが、これまでフェミニズム的な問題意識のもとでテクノロジーとジェンダーとの関連を批判的に問いただしてきた研究伝統は、今現在、そしてこれから将来のＩＴ産業をめぐる規制のあり方を考えるうえで多くのヒントを与えてくれる。既存社会でのジェンダー・イメージやそれに根ざした偏見が新たなテクノロジーによって再生産されるのであれば、そのメカニズムを白日のもとにさらけ出し、そこに潜む問題の不当性を社会に対して訴えかけることで、より多くの人々に自らが暮らす情報環境を脅かす「汚染」について関心を持ってもらうことは決して夢物語ではない。当初、自然環境問題への危機意識は一部の人々に限られていた。だが、環境問題に携わる活動家・実践家・研究者の長きにわたる地道な訴えかけを通して、今ではグローバルに認知された喫緊の課題となっている。それと同様に、デジタル技術のさらなる発展のもとで情報環境の重要性が今以上に高まることが予見される未来に向けて、「メディアとジェンダー」との問題意識のもとで批判的な学術研究と社会運動が連携しつつテクノロジーに潜む差別を問いただし続けることが必要である。それは、より自由で民主的な社会を実現するうえで不可欠な政治・社会的な課題にほかならない。

巨大ＩＴ産業が生み出す情報環境に潜む問題への反省的な意識が高まり、より多くの人が抗議の声を上げるようになれば、私たちが暮らすありふれたデジタルな日常は、きっと今よりも「健全」なものになるに違いない。

（阿部　潔）

第5章の基本文献

飯田麻結　二〇二〇「フェミニズムと科学技術――理論的背景とその展望」『思想』一一五一号。

江間有沙　二〇一九『AI社会の歩き方――人工知能とどう付き合うか』化学同人。

小川眞里子　二〇〇一『フェミニズムと科学／技術』岩波書店。

ハーディング、S　二〇〇九『科学と社会的不平等――フェミニズム、ポストコロニアリズムからの科学批判』森永康子訳、北大路書房。

6 消費文化とブランド化
――ジェンダーを再階層化するランク社会

＊本章のキーワード＊
プロシューマー　ブランド文化　非物質的労働　アテンション・エコノミー　ルッキズム

1　SNSとランク社会

二〇一六年一〇月に放映されたNetflixのオリジナルドラマ「ブラック・ミラー」シリーズに、『ランク社会』というタイトルのエピソードがある（原題は「Nosedive」で、「人気の急落」という意味）。物語の舞台は、近未来。人々は一から五まで星の数でお互いを評価することができ、その評価はSNS上だけでなく、現実の社会的・経済的地位にも影響を与える。星の数が多ければ勤務先で出世でき、ローンを組む際の信用評価も上がり、インフルエンサーとして人々に影響を与えられる存在になれるのだ。

主人公のレイシーは、得点を挙げることに夢中になっている若い女性だ。日々、他人から与えられる評価を気にしてばかりいる彼女は、ある日、インフルエンサーとして有名で、高い評価を得ている幼なじみの介添人に選ばれ、結婚式に招かれる。レイシーは喜び、結婚式の日までにさらに評価を上げようと奮闘するのだが、星獲得への彼女の執着は空回りし続け、ネット上での評価を急落させるような悪い出来事を次々と引き起こす。最終的に、SNS上での評価が下がるばかりか、レイシーは現実の世界でも転落してしまう――。

この物語の世界はかなり極端で、誇張されすぎていると感じるかもしれない。しかし、このプロットは、他のユーザーから承認されることや「いいね」の獲得に執着するあまりSNSで暴走しがちな私たちの姿を、寓話的にとらえているともいえる。私たちはなぜ、こんなにもSNSを見続けてしまうのか。どうしてSNSに投稿し続けてしまうのか。どうして「いいね」をもらえないと落ち込んでしまうのか。そして、なぜこの物語の主人公は「女性」なのだろうか。これらの問いに答えるために、本章ではSNSと私たちの関係を次の二つの点から考えていく。

ひとつめは、SNSに投稿するという行為が自己呈示（他者に対して自分をより良く見せようとすること）と自己のブランド化を通じた参加型のコミュニケーションと表現のための活動であるという点についてである。SNSの空間では行為者による自発的な参加型の表現活動を通じてつながりが形成され、そこにはコミュニケーション行為の喜びによって駆動されるクリエイティブなメカニズムがあると考えられる。

ふたつめは、SNSやそれに類するアプリを運営しているGAFAなどのプラットフォーマーが、私たちのクリエイティブな自己呈示のエネルギーと作業の時間をタダ同然で利用しているにもかかわらず、私たちのほとんどがそのことに気づくことなく、自分自身の時間と労働を無償で提供させられ続けているという搾取的なメカニズムについてである。

これら二つのメカニズムは、今日のSNS上での私たちのコミュニケーション行為と文化の生成の根幹に据えられている。さらに、「ジェンダー」の視点からこれらのメカニズムを検討してみることで、なぜ「ランク社会」が問題であるのか見えてくるだろう。これらの点について、以下、ひとつずつ検討していくことにする。

2　メディア技術と文化の変容

私たちの多くは、SNSの仕組みやインターネットに接続され続けることの意味を正確に理解しないまま、しかし、もはやそれなしでは不安に駆られてしまうほど依存しきった状態で日常生活を送っている。たとえば、現在、もっとも普及しているコミュニケーション装置であるスマートフォン（スマホ）を忘れて家を出て、学校や職場に向かってしまった一日のことを想像してみよう。

「ピッ」とスマホをかざして改札口を通る代わりに紙の切符を買い、教室やオフィスに入るまで友人や恋人、同僚との連絡は取れず、急な休講やスケジュールの変更についての案内を受け取ることができず、アルバイトのシフトを見ることができず、買い物をしたときにポイントを貯めることもできず、素敵なカフェでお茶やランチをしても写真を撮ることができず、夕方から見に行く予定だった舞台やコンサートの電子チケットを見せて劇場に入ることもできない。

スマホに付加された多種多様な機能と、利用しているさまざまなSNSやアプリを使うことなしに生活をスムーズに進めることは、もはや困難になりつつある。社会の仕組みや制度そのものが「スマホを持っていること」を前提に再編成され、文化とコミュニケーションのあり方がすっかり変容させられてしまったからである。

このように、インターネットとそれに接続するためのデバイスが普及するにつれて起きた文化変容のなかで、私たちの意識のあり方にもっとも大きな影響を与えたもののひとつが「自己のブランド化」と呼ばれる現象である。この言葉は、メディア技術の発展により、私たちがオンラインの空間のなかで自分自身をアピールすることを通じて、自己イメージにブランド的価値を付与していくプロセスに注目したものである。

「ブランド化」というのは、もともと企業が自社の商品に価値を与え、商品そのものの本来の価値よりも高価な値段で取引するため——「交換価値」を高めるため——に開発された戦略のひとつである。したがって、ブランド化というのは、企業やショップなどの生産者がそれぞれの商品に対してイメージやストーリーを用いた価値付与を行い、「商品」そのものを超える「ブランド」としての価値を私たち消費者に提供するというプロセスのことを指していた。ブランド化を通じた商品への価値付与のプロセスには、記号、広告、ロゴ、ジングル音やCMソング、シンボル、口コミ、評価、いいね、ソーシャルメディアなど、メディアが大きく関わっている（Banet-Weiser 2012）。「ブランド化」はさらに、今日のグローバル資本主義経済を駆動、そして持続させる鍵にもなっている。

イギリスのメディア文化研究者のサラ・バネット=ワイザーは、主にYouTubeに動画を投稿する若い女性たちの調査を行い、今日の社会における私たちの活動が生み出すものは、グッズやモノといった物質的な商品ではなく、「ブランド化」と呼ばれる非物質的なコンテンツであると指摘している（Banet-

Weiser 2012)。

このように、メディア技術がアナログからデジタルなものへと転換し、売り買いされてきた商品が物質的な「モノ」から非物質的な「データ」や「コンテンツ」や「サービス」に代わり、その生成のための道具であるデバイスが個人化されていくにつれて、企業やショップなどの独占物であった「商品の生産」と「ブランド化」は、かつてであれば単なる消費者に過ぎない存在だった私たちの手にも委ねられるようになった。

今日、私たちにとって商品が生産され、流通され、消費されるプロセスは、生産者と消費者それぞれの担い手のもとでの切り離されたプロセスではなくなりつつある。かつて「生産者／消費者」という二項対立のもとで考えられてきた商品の生産のプロセスには、消費者であり生産者でもある「**プロシューマー**（prosumer）」――生産者（producer）と消費者（consumer）を掛け合わせた造語であり、「消費者でありながらコンテンツを生成する者」という現代的な行為を示す言葉――が参入することとなったのである（Bruns 2008）。

ジョージ・リッツァが端的に述べているように、今や「生産と消費はつねに（中略）生産と消費の混交をともなうハイブリッドなプロセスになった。（少なくともいくらかの消費をともなわない）純粋な生産や（少なくともいくらかの生産をともなわない）純粋な消費というものはもはや存在せず、この二つの過程はつねに相互に浸透」（Ritzer 2015）するものへと変化した。

バネット＝ワイザーは、こうした現象の重要性について、「Web2.0のテクノロジー観のなかで称揚されてきた「消費者／生産者」の境界線のあいまい化は、個人の主体性の編成という観点から見て、現代社会の転換点としてしばしば指摘されている」（Banet-Weiser 2012）と説明している。彼女はさらに、「消費者」と「生産者」の境界線のあいまい化によって、これまでモノや商品や情報やブランドを「生産」するための決定権をもっていたミドルクラス男性の独占権が消失したという点についても示唆している。YouTubeやInstagram, TikTokやその他さまざまな配信技術の個人化は、それを利用した小学生の女の子の自撮り動画を世界中の人々に再生させるようになったし、通常の制度内での政治的回路では主張されえなかったマイノリティの言葉を、より多くの人々に届け、注目を集めさせることも可能にした。今では、幼い少女であろうと、資本力を持たない人々であろうと、データを加工するための最小限の知識を得て情報発信のデバイスにアクセスできれば、どのような場所からでも情報を公開し、自分自身が何者であるのかを示すことができるようになった（その一方で、もともと資本力を多く持っている人の方が、SNSのなかでより注目を集めやすいという指摘もある）。

このように、さまざまな商品のブランド化を通じて形成された「ブランド文化」は、SNSが普及し、誰もが自分自身の言葉やイメージを他の人々に誇示できるようになった現代社会においては、諸個人が政治的・文化的アイデンティティを構築し、それを他者に向けて顕示するための空間にもなりうる（Banet-Weiser 2012）。

では、この自分自身を顕示させ、自分自身のブランド化を行うことができるテクノロジーは、マスコミュニケーション時代には無力であった個人をエンパワメントする、夢の装置となったのだろうか。次節では、新しい技術がもたらす文化変容の負の側面について見ていくことにする。

3　非物質的労働を通じた二重の搾取

ＳＮＳを通じて自己を表現し、承認を求め、つながりを作るためにコンテンツを呈示するなど、オンライン空間において自分自身の価値を高め自己のブランド化を図るために私たちが強いられているのは、参加型のコミュニケーションと、イメージや物語など非物質的なものを生産するための労働である。それらは多くの場合、賃金がともなわない無償の労働となっている。

私たちは、コンテンツの創出と投稿を自分自身のための表現活動であると信じ自己のブランド化につながると考え、もしくは活動の意味を深く考えることのないまま、多くの時間を注ぎ込んでこれらクリエイティブな活動を行っている。そのため、私たちは自分自身の活動に見合った対価を要求しようとはせず、ほとんどの場合、自らの制作物や作品を無償でプラットフォームに提供している。これほど多くの時間をＳＮＳでの投稿のための創作活動に費やしているにもかかわらず、なぜ私たちはその対価を求めようとはしないのだろうか。

他方、私たちが積極的にコンテンツを投稿し、コミュニケーション行為に従事しているＳＮＳの多くは、ほぼ無料で利用できる。確かに、Facebook や Twitter, Instagram といったＳＮＳ、YouTube や TikTok などの多くのオンラインのサービスは、原則として無料で提供されている。通常、何らかのサービスを利用し、得るためにはその対価としてお金を払う必要がある。しかし、オンラインで提供されるさまざまなＳＮＳは、すべて無料で利用することができるのである。

ここには、ふたつの搾取のメカニズムが隠されている。ノーレン・ガーツによる説明が、これらふたつの搾取のメカニズムについてわかりやすく解き明かしてくれるので、引用しておくことにする。

ユーザーの立場からすると、フェイスブックやツイッターは自己表現の場であり、人と関係を築いて維持し、ニュースやエンターテインメントも楽しめる。しかし一方ザッカーバーグやドーシーの立場からすると、フェイスブックやツイッターはコンテンツの場であり、広告の場だ。自己表現はコンテンツ。人間関係もコンテンツ。もちろんニュースやエンターテインメントもコンテンツ。そしてユーザーがコンテンツの作成と閲覧に時間を費やしてくれればくれるほど、ユーザーはサイトで広告を見てくれるわけだ。こうした「無料」のネットワークで利益を生むのは広告であってユーザーではないので、これらのネットワークは最終的にユーザーのためではなく、結局は広告主のために存在していることになる。(Gertz 2018=2021)

ガーツは、プラットフォームを利用する私たちを、「ユーザーの立場からすると」と位置づけている。「ユーザー」という言葉は「使用者」という意味であり、サービスを使う側であるというニュアンスを示している。この言葉は、自分たちがサービスを使わせてもらう側であるという雰囲気を醸し出し、SNSのコンテンツを作成するための労働を日々提供する生産者でもあるという側面から、私たち自身の注意をそらせてしまう効果をもたらしている。つまり、第2節で説明してきた消費文化の変容にともない、私たち一人ひとりが「プロシューマー」としてコンテンツの生産に携わるようになったことで、ユーザーの行為が本人の自覚がないまま**非物質的労働**として密かに搾取されるようになったのがSNS社会であるということになる。このことが、ひとつめの搾取を引き起こしている。

ガーツの説明の続き「フェイスブックやツイッターはコンテンツの場であり、広告の場だ」という表現は、ふたつめの搾取の構造に気づくためのある重要な視点を与えてくれる。私たちはSNSでコンテンツを生産する労働自体を楽しんでいるかもしれないし、積極的に進んでその労働に従事しているかもしれないけれども、そこで費やされる時間と労働力に対する経済的な対価がほとんど得られていないことはすでに指摘したとおりである。ここでいうコンテンツとは、自撮りを含めたさまざまな写真、執筆した日記やイラスト、歌ったり踊ったり解説したりしている動画などを含むものであるかもしれない。だが、それがどのようなかたちをとるにせよ、コンテンツがいったんSNSなどに投稿されるやいなや、プラットフォームに人々を惹きつけ、自分以外の人々とつながり、コミュニケーション行為を駆動させるための商品となり、プラットフォームを儲けさせるための資源として利用されることになってしまう。

さまざまなプラットフォームは、無料で提供されるコンテンツとして投稿された動画や写真やイラストやメッセージを、より多くのユーザーを呼び込むために日々利用している。つまり、私たちが自由な自己表現や自己呈示、アイデンティティの構築プロセスであると考えている文化生産やクリエイティビティの発露は、同時にプラットフォームを利するための「コンテンツ」へと転換されて、無料で「ユーザー」たちに提供されるというわけである。

とはいえ、私たちが日々、何かを投稿しているプラットフォームの利用は、ほぼ「無料」で提供されている。そうであるとするなら、プラットフォームはどのようにして「儲ける」ことができているのだろうか。

私たちが「無料」でサービスを利用できる背景には、「アテンション・エコノミー」と呼ばれる新しい経済の仕組みが導入されている。ここに、ふたつめの搾取が潜んでいる。「アテンション・エコノミー」は、インターネットやSNSが日常的なコミュニケーションの中心的な場となった現代社会において、経済的な収益を生み出す新たな回路である。Facebook や Twitter などのプラットフォーム企業は、その収入のほとんどをSNSに表示されるオンライン上での広告から得ている。そして、その収入の量は、無料で提供されているプラットフォームを私たちがどのくらい長い時間使い続けるかによって決定されるのである。そのため、SNSを運営する企業は、できるだけ人々の注目（＝アテンション）をSNSに惹きつけ、そこで広告を見せることによってお金を稼ぐ必要がある。

私たちがSNSを開いてメッセージを投稿したり読んだりし、動画を投稿したり視聴したりすればするほど、さらにはSNS上で意見の対立が生じて言い争いが続けば続くほど、人々はプラットフォームに注目し続け、企業を儲けさせることになる。この「アテンション・エコノミー」という土俵の上で、私たちは日々、政治的な発言を行い、文化を形成し、コミュニケーション活動を行っているのである。これが、ユーザーには隠され続けているふたつめの搾取のメカニズムである。

マーク・アンドレイェヴィッチはこうした現象について、「Web2.0 技術における参加型文化」において、消費者＝ユーザーのエンパワメントは、クリエイティブな活動であると同時に搾取の対象にもなっていると端的に述べている。つまり、創造性の発揮と搾取が共存し、相互に作用するものとして理解される必要がある、というのである（Andrejevic 2008）。

このように、私たちは自分自身の表現活動やクリエイティブな作品作りという喜びや楽しみ、自分自身の価値を高める「自己のブランド化」を推進すると同時に、そのために費やされる時間と労働を搾取され、さらにはつながりやコミュニケーション行為を求めてプラットフォームを覗き見る際に、広告を見せられさまざまな購買欲求を刺激されているにもかかわらず、そのことからは目をそらされてしまうという二重の搾取のメカニズムのもとで、日々、SNSを利用しているのである。こうしたことに注意を払ったうえで、SNSによる「自己のブランド化」にジェンダーという視点を加えてみると、さらなる問題が見えてくる。次節では、ジェンダーの観点から、SNSの空間を検討していく。

4 評価され、監視され続ける社会

ここまで見てきたように、私たちは現在、情報やサービスを生産する非物質的労働や参加型のコミュニケーションおよび表現活動を通じて、自分自身を自由に表現する／できるようになった。しかし、自己を表現することは同時に、「可視性の場」――公共の空間――に自らをさらけ出し、つねに他者によってまなざされ、評価され、価値の判断にさらされるようにする、ということでもある。ここで、冒頭で提起した最後の疑問に戻りたい。この章の最初に紹介したNetflixのドラマ『ランク社会』の主人公は、なぜ女性だったのだろうか。

藤田結子は、自己のブランド化という現代的な現象に、特に若い女性たちが巻き込まれていると指摘し、「新しい技術を利用して、伝統的に女らしいとされる分野――ファッション、美容、料理や手芸などで、自己表現を行い、起業家として活動する者もいる」（藤田 2022）と説明している。これは、バネット＝ワイザーが指摘していたように、情報やコンテンツの生産者として男性が中心だった伝統的なメディアとは異なり、新しいコミュニケーション技術によって支えられたSNSのコミュニケーション空間においては、女性たちも情報やコンテンツの生産者であると同時に消費者として――すでに見てきた概念を使うならば「プロシューマー」として――深く関わることができるようになったことと関係している。

だが、「自己のブランド化」を通じて、さまざまなプラットフォームで自分自身を可視化させ、写真やイメージや言葉を通じて自己を呈示するという行為は、同時に自らのイメージや価値を、プラットフォームに人々を呼び寄せる商品に転化する行為でもある。バネット＝ワイザーはこのことを「可視化された身体は、商品化可能な身体である」(Banet-Weiser 2018=2020) と簡潔に表現している。けれども、あらゆるイメージや身体が同じように商品としての価値をもつとは限らない。そこには選別のシステムが働いており、たとえば老いた人よりも若い人が、男性よりも女性が、無名の人よりも有名性のある人が、そしてより美しいとされる人の方が、ブランドとしての価値を付与され、より商品化される傾向にある。

自己のブランド化が直ちに商品へと転嫁されるということは、自己を呈示し可視化させることが同時に、他者から見られ続け、評価され続ける空間に商品として自らを（そうとは気づくことなく無防備なまま）さらけ出すことにもつながる。ロザリンド・ギルは一〇代から二〇代の若者へのインタビュー調査を行うことによって、彼ら彼女らが「ソーシャルメディア上でまなざされ、評価されていると感じている」(Gill 2021) ことを明らかにし、この「無防備さ」による弊害を説明しようと努めている。

SNSにさらけ出された自分自身のイメージや物語、ブランド化のために外見や振る舞いや能力を資本にして生み出されたコンテンツは、そのようにして自分自身のイメージを呈示する若い女性たちを、若い男性たちよりもいっそう品評するまなざしのもとにさらす。見ず知らずの他人に評価され、批評される機会にさらしてしまうのである。公共の場で自由に発言し、既存のジェンダー規範に対抗し、自分自身のイメージや物語を制御しながら自己のブランド化を行おうとする若い女性たちは、広告やテレビや雑誌といった従来型メディアによって提供され続けてきたジェンダー規範やルッキズムに基づく価値観に取り巻かれている。無防備に自己をさらけだした若い女性たちは、ただ同然に提供される商品へと転化させられたうえに、容易に攻撃にさらされてしまう。たとえば、「痩せすぎた女性のモデル」へのオルタナティブを提示しようとするプラスサイズのモデルによる「#BodyPositiv」などのハッシュタグを添えた自己イメージの投稿は、多くの「いいね」のコメントを集め、そのイメージを見た女性たちに勇気を与えるかもしれないが、瞬く間にそのオーバーサイズ感を攻撃しようとする多くの誹謗中傷コメントに取り囲まれるのである。

女子学生ばかりのある授業で「ファッションとSNS」について議論した際に、「ファッション」は身だしなみのひとつで、自分自身の見た目を整えるのは当然であり、とても楽しい行為だと彼女たちは語っていた。よく知られているように、今日の若い女性たちはファッション情報を雑誌ではなく、Instagram や YouTube などソーシャルメディアから取り入れるようになっている。ファッション情報を収集し、自らに適用させる際に重要とされるのは、「他の人から浮かないような自分らしさのある衣服」を選ぶことであるそうだ。彼女たちは非常に矛盾した行為を日々行っている。「他の人から浮かない」のに「自分らしさがある」とはどのようなファッションなのだろうか。なぜ、彼女たちは「他の人から浮かない」と「自分らしさがある」を両立させなければならないのだろうか。

このような、「自分らしくあれ」と「他の人たちと同様であれ」という二律背反的な価値を求められた若い女性たちは、果たして幸福なコミュニケーションの空間にいるといえるのだろうか。新しいメディア技術とSNSの空間は、一方では若い女性たちの自尊心やエンパワメントを高め、因習的なジェンダー規範から逃れた「あなただけの美しさ」を求めても良いのだと教えてくれる。その一方で、その新たなコミュニケーションの空間は可視性の場として、その空間に無防備に自らを呈示する個人を、「他の人とは違う」ことへの不安に陥れ、コンプレックスを刺激し、より標準化された存在になるよう駆り立てる。

このような可視性の場に投げ出された個人――特に若い女性たちへと向けられる力を、アンジェラ・マクロビーは「視覚メディアの統治性」(McRobbie 2020=2022)と名付けている。かつては、テレビや雑誌といったポピュラー文化のなかで、視覚メディアは若い女性たちの理想化された表象を通じて女性性の規範化を図っていた。今日、デジタル化されたその力は、一見したところでは若い女性たちの自己表現とエンパワメントとして、しかし他方で、他の女性たちとの違いを意識させ、容赦ない監視と評価のコメントを通じて、女性たちをより巧妙なかたちで囲い込む力として、新しいテクノロジーのなかをますます縦横無尽に走り抜けているのである。

(田中東子)

第6章の基本文献

バネット＝ワイザー、S　二〇二〇「エンパワード――ポピュラー・フェミニズムとポピュラー・ミソジニー　イントロダクション」田中東子訳『早稲田文学』二〇二〇年夏号。

マクロビー、A　二〇二二『フェミニズムとレジリエンスの政治――ジェンダー、メディア、そして福祉の終焉』田中東子・河野真太郎訳、青土社。

田中東子　二〇二一「娯楽と恥辱とルッキズム」『現代思想』四九巻一三号。

コラム2

#KuToo以降のSNSとの闘い

石川優実

SNSは、今や女性運動に欠かせないツールだろう。特にTwitterはリツイート機能やハッシュタグ機能がある。運動をより広く知ってもらい、問題意識を共有するために最適だ。

私は元々、グラビアの仕事をしていた。Twitterを始めてから一〇年以上が経つが、その大半がグラビアや役者の仕事をしている中で発信してきたものだ。ジェンダーの問題について発信するようになったのは#MeTooが日本でも知られてきた二〇一七年末、グラビア・アイドル時代に起きた露出や性接待の強要をブログで告白したことがきっかけだった。私は#MeTooもフェミニズムも、Twitterを通して知った。Twitterは本だけでは学べない、女性のリアルな声が聞けるのが魅力だったし、学問としてのフェミニズムよりも身近に感じることができるので、私にとって大切なものだった。

そんな中、#KuToo運動も始まった。この運動は、「職場で女性のみにヒールを義務付けることは女性差別だ」ということで、性差によるハイヒールやパンプスの強制を禁止するよう職場への通達を求める厚生労働省宛の署名運動だ。私の一つのツイートがきっかけで広がったこの運動は、みんながTwitterでこれまでの苦痛についてハッシュタグをつけて呟いてくれたことで大きくなっていったものだ。しかし、私が「#KuTooの運動は労働や健康のみの問題ではなく、女性差別の問題でもある」と断言したことで、凄まじいバッシングがくるようになった。グラビアの仕事をしていたので、それまでも嫌なことを言われることがゼロだったわけではない。しかし、この頃から明らかにネット上の嫌がらせの種類が容姿を馬鹿にするものやセクハラから、「デマを流される」「付き纏いをされる」「発言を曲解される」というものに変わったのだ。そしてそれは今日までの約三年間、絶え間なく続いている。

たとえば「石川優実は寄付してもらったお金をパチンコに使い込んだ詐欺師だ」というツイートがたくさん拡散された。これはデマなのだが、一時期検索ボックスに「石川優実」と打つと予測変換で「詐欺師」と出るようになった。私は、街で会う人がみんな私のことを詐欺師と思っているのではないかと思い、一時期人と会うのが怖くなった。

SNSのバッシングなんて見なければいい、気にしなければいいというが、確実に実生活にも影響する。これまでフェミニストはとにかく悪く印象操作をされてきた。それは、私たちがこれまでこのようにネット上での印象操作やデマを軽く見てきたことも関係しているのではないか。デマを流したい人は、凄まじい労力を使う。その結果、そのデマを拡散する人たちの数が多くなり、無関心層の人たちは「数が多いから本当なんだろう」と思ってしまう。そして、その人たちは日本の中でかなりのマジョリティなのだ。

どうか、この状況を放置しないでほしい。「どんな場所であってもデマやハラスメント・差別は許さない」と表明していくことで、少しずつでも現状が変わっていくことを願っている。

いしかわ　ゆみ（俳優・アクティビスト）

第Ⅲ部 マスメディア、ジャーナリズムとジェンダー

7 マスメディア
――新聞社・放送局の歴史に見るオトコ（会社）同士の絆

＊本章のキーワード＊
第四の権力　戦争　メディア・イベント　ネットワークと系列化　メディア・コングロマリット　マスメディア・ジャーナリズム　商品化

1 マスメディア企業のジェンダー・ギャップ

現在では、インターネットや携帯メディアを通じて、多種多様な情報を受発信できるようになった。しかし、依然としてマスメディア（新聞・テレビ）の持つ力は大きい。マスメディアは、近代国家において、司法・立法・行政と並ぶ「**第四の権力**」と呼ばれ、私たちの社会には不可欠のものである。

本章では、新聞と放送（テレビ）が、戦後、マスメディアとして確立し、両者が政治経済的に密接に結びつき、日本の企業社会に典型的な「系列」体制を確立することによって「日本独特のマスメディア体制」を形成してきたことを見ていくことにしたい。

「世界経済フォーラム（World Economic Forum）」が二〇二二年七月に発表した「ジェンダー・ギャップ指数」で、日本は総合スコア〇・六五〇（一が完全平等）と、一四六カ国中一一六位の順位で低迷している。日本の社会が男性中心社会であることはよく知られている事実だ。

新聞とテレビは高度経済成長期にマスメディアとして発展し、組織としても男性優位社会を形成してきた。一九八〇年代からフェミニズムによって性差別的なメディア内容に対する批判が重ねられてきたが、セクシズムやジェンダー・ステレオタイプな表現の背景には「メディアの送り手に女性が少ない」ことが指摘されている（四方 2018）。ここで、二〇二〇年時点における新聞・放送業界の女性の参画状況について見てみよう。新聞社・通信社の記者に占める女性の割合は二二・二％で、管理職は八・〇％、民間放送および日本放送協会の管理職に占める女性割合はそれぞれ一五・〇％、一〇・一％である（内閣府男女共同参画局 2021）。女性管理職割合は民放で一五％だが、新聞・通信社やＮＨＫでは一割にも満たない。だが、それ以前の問題としてそもそもの女性従業員の割合が低いのだ。驚くべきことに、これでも二〇年前から比べると女性割合は倍増しているという。

マスメディア企業が女性正社員を採用し始めたのは、一九八六年に施行された男女雇用機会均等法前後からで、それ以前は女性の採用なしという門前払いで、女性たちはマスメディア企業から長い間排除されてきた。均等法によって門戸が開かれ、採用された数少ない女性たちは、たとえば「男性と同じようにやるんだ」と決意を固くし、「男の人とまったくおんなじ生活で」〝男〟並みに働き、雑魚寝もいとわず、取材でろくに着替えもできず「あっち（取材現場）でパンツ裏表四日間」などという事態におちいりつつも、男性中心の労働文化に〝過剰適応〟し、業界のパイオニアとして活躍してきた（北出 2013）。

現在、この世代の女性たちがようやく組織のなかで管理職につこうとしているが、彼女たちは、専業主婦にサポートしてもらうことを前提とした「オレたち」とまったく同じように働き、つまり家族のケアもしつつ、仕事でも成果を上げ、男性中心社会を生き抜いてきたスーパーウーマンたちだといえよう。しかし、圧倒的に男性の多い組織で作られるメディア内容は、必然的に男性発想に偏りがちにならざるをえなかった。新聞も放送の現場も男性を標準とし、女性を亜種とした「ジャーナリズムの女性観」（小玉 1991）を培ってきたことへの問い直しは、二〇世紀の終わりに始まり、現在にいたっている。

2 戦争と競争――新聞社の産業的発展と全国紙の寡占化

ここからは、新聞とテレビがいかにして強大な「日本のマスメディア体制」を作ってきたのかをたどってみたい。まずは、新聞の産業的発展を見ていくことにしよう。

日本の新聞は、一九九七年（当時：五四〇〇万部）をピークに減少し続けているとはいえ、他に類を見ない「宅配制度」と高い普及率に支えられて、世界有数の発行部数を誇ってきた。ちなみに日本新聞協会によれば、二〇二一年の新聞発行部数は三九五一万二〇〇〇部（一一三紙）である（日本新聞協会 2021）。現在の新聞メディアの秩序は、全国紙としての『朝日』『毎日』『読売』『日経』『産経』の五大紙と、『北海道』『中日』『西日本』のブロック紙とその他の県域紙という体制で、日本の新聞市場の約半分は上記の全国紙によって占められている。

「新聞は戦争で育った」（鈴木 1995）と言われるように、新聞は、戦時における戦争報道によって経済的にも社会的にも発展することができた。前述のような全国紙の寡占体制は、戦時の言論統制政策によって枠づけられたものだ。戦時統制政策とは、政府による「新聞統合」――「用紙の統合」と「一県一紙」制度で、この政策によって、新聞は「言論の自由を奪われ、戦争宣伝への無条件の協力を強いられたが、それを代償に、産業運営と企業経営の近代化の条件を一挙に入手したのである」（桂 1990）。実際、戦前においては多様な新聞が発行されていたのだが、戦時期の「一県一紙」体制は、戦後の新聞界の独占・再編過程へとつながる結果となった。

一方、戦後の高度経済成長は未曽有の繁栄をマスメディア産業にもたらし、新聞も「広告媒体」として大きな役割を果たした。広告主は、大部数を持つ全国紙と地方市場を独占的にカバーできる地方紙を広告媒体として求め、戦時統合で強力な地盤を持つにいたった有力新聞は、広告獲得競争でその利点を発揮し、さらに強さを増した。そして、有力紙による弱小紙の吸収・合併や現地発行進出によって、競争体制の強化・拡充が図られてゆく（桂 1990）。こうして、新聞は統合時代における基礎固めをベースに「商品」として、また広告媒体として、激しい競争を通じ、経済的に大きく発展を遂げたのだった（鈴木 2016）。

また、新聞が商品化されてゆく過程において、女性たちは「読者」として「消費者」として重要な役割を占めるにいたる。企業戦士たちによる広告獲得競争（営業職）と、契約獲得に向けた激しい競争（販売代理店）、そして記者たちによるスクープに向けた競争は、戦後の新たな「戦争」として、男性中心の企業風土は温存されたまま、さらに強化されてゆくこととなった。

3　テレビの登場と「メディア・イベント」

次に、日本の放送事業のうちテレビの展開について見ていこう。日本のテレビ放送は一九五三年、NHKと日本テレビ放送網の本放送開始とともに始まった。日本の放送制度の特徴は公共放送である日本放送協会と民間放送の二元体制であって、NHKが全国放送を中心に担い、民放が地域放送を分担する〝分業体制〟が基本である。

基本的にNHKは受信料収入、民放は広告収入によってその経営を成り立たせている。戦後、GHQの指導によってNHKが「国営」放送から特殊法人「日本放送協会」に改組したのに対して、「民間による放送を作ろう」という機運が盛り上がり、国営に対して民間に近いという意味を持たせたものが「民放」という名乗りである。「民放」は、あくまでも市場原理で動く商業放送であることを押さえておこう。

高度経済成長期には国民的イベントが相次ぎ、それが新しいメディアであるテレビを通じて、広く伝えられることとなった。ダニエル・ダヤーンとエリユ・カッツは、大勢の人の注目を集める「**メディア・イベント**」に着目し、「国民あるいは世界を席巻するような歴史的行事」である「メディア・イベント」は、テレビという後光につつまれて、受け手の視聴体験も変容すると述べている（Dayan & Katz 1992=1996）。日本のテレビにおけるメディア・イベントの代表的な例としては「皇太子ご成婚パレード」（一九五九年）の中継と「東京オリンピック」（一九六四年）が挙げられ、この国家的メディア・イベントを契機に、テレビというメディアは爆発的に普及した（長谷川 2016）。以降、テレビは拡大・発展を遂げてゆくことになった。

拡大・発展の過程で注目しておきたいのは、民放のネットワーク協定である。民放は地域的機能を果たすことが目的とされ、そもそもは地域置局が原則である。つまり、キー局といわれる在京局は関東のローカル局なのだが、実際には在京局が文字通り「キー」となり、すべてのテレビ局の中心となっている。

こうした事態の背景には、規模の小さなローカル局の経済事情と、視聴者を消費者と位置づける市場の戦略があった。ひとつのテレビ局がすべて自社制作番組で埋めるのは現実的には困難であり、大都市圏で制作された魅力的な番組を放送し、広告料を得ようという産業的思惑もあって、民放はネットワークを形成した。「皇太子ご成婚」という世紀のメディア・イベントでは、パレードの中継と全国規模の放送の実現にはネットワークは確かに不可欠であった。しかし、そもそもニュース素材の相互利用協定であったネットワーク協定は、次第に、経済合理性に基づく営業的ネットワークの色彩が濃くなっていく。

4　ネットワークと「系列化」による東京への集中

テレビのネットワークは一九五九年のJNN（TBS系列）を皮切りに、NNN（日本テレビ系列）、ANN（テレビ朝日系列）、FNN（フジテレビ系列）がほぼ同時期に発足し、九一年にはTXN（テレビ東京系列が完成した（図7-1）。問題は、加盟局のローカル局の経営は、番組供給面・営業面でネットワークに依存する度合いが高いことである。ローカル局のなかには、自社制作率は一割以下で、「キー局の

	JNN（28社）	NNN（30社）	FNN（28社）	ANN（26社）	TXN（6社）	独立協（13社）
北海道	北海道放送	札幌テレビ放送	北海道文化放送	北海道テレビ放送	テレビ北海道	
青森	青森テレビ	青森放送		青森朝日放送		
岩手	IBC岩手放送	テレビ岩手	岩手めんこいテレビ	岩手朝日テレビ		
宮城	東北放送	宮城テレビ放送	仙台放送	東日本放送		
秋田		秋田放送	秋田テレビ	秋田朝日放送		
山形	テレビユー山形	山形放送	さくらんぼテレビジョン	山形テレビ		
福島	テレビユー福島	福島中央テレビ	福島テレビ	福島放送		
東京	TBSテレビ	日本テレビ放送網	フジテレビジョン	テレビ朝日	テレビ東京	東京メトロポリタンテレビジョン
群馬						群馬テレビ
栃木						とちぎテレビ
茨城						
埼玉						テレビ埼玉
千葉						千葉テレビ放送
神奈川						テレビ神奈川
新潟	新潟放送	テレビ新潟放送網	NST新潟総合テレビ	新潟テレビ21		
長野	信越放送	テレビ信州	長野放送	長野朝日放送		
山梨	テレビ山梨	山梨放送				
静岡	静岡放送	静岡第一テレビ	テレビ静岡	静岡朝日テレビ		
富山	チューリップテレビ	北日本放送	富山テレビ放送			
石川	北陸放送	テレビ金沢	石川テレビ放送	北陸朝日放送		
福井		福井放送	福井テレビジョン放送	福井放送		
愛知	CBCテレビ	中京テレビ放送	東海テレビ放送	名古屋テレビ放送	テレビ愛知	
岐阜						岐阜放送
三重						三重テレビ放送

大阪	毎日放送	読売テレビ放送	関西テレビ放送	朝日放送テレビ	テレビ大阪	
滋賀						びわ湖放送
京都						京都放送
奈良						奈良テレビ放送
兵庫						サンテレビジョン
和歌山						テレビ和歌山
鳥取	山陰放送	日本海テレビ				
島根			TSK さんいん中央テレビ			
岡山	RSK 山陽放送		岡山放送		テレビせとうち	
香川		西日本放送		瀬戸内海放送		
徳島		四国放送				
愛媛	あいテレビ	南海放送	テレビ愛媛	愛媛朝日テレビ		
高知	テレビ高知	高知放送	高知さんさんテレビ			
広島	中国放送	広島テレビ放送	テレビ新広島	広島ホームテレビ		
山口	テレビ山口	山口放送		山口朝日放送		
福岡	RKB 毎日放送	福岡放送	テレビ西日本	九州朝日放送	TVQ 九州放送	
佐賀			サガテレビ			
長崎	長崎放送	長崎国際テレビ	テレビ長崎	長崎文化放送		
熊本	熊本放送	熊本県民テレビ	テレビ熊本	熊本朝日放送		
大分	大分放送	テレビ大分	テレビ大分	大分朝日放送		
宮崎	宮崎放送	テレビ宮崎	テレビ宮崎	テレビ宮崎		
鹿児島	南日本放送	鹿児島読売テレビ	鹿児島テレビ放送	鹿児島放送		
沖縄	琉球放送		沖縄テレビ放送	琉球朝日放送		

日本民間放送連盟ウェブサイト（https://j-ba.or.jp/category/data/jba104001）より作成

図 7-1　テレビネットワーク

中継局」と化しているテレビ局も存在する。番組のネットワークは広告主による企業経営上の必要性と、番組制作における地域あるいは企業格差によって必然的に派生する（美ノ谷 1998）。ナショナルスポンサー（全国にCMを流す大企業広告主）の要求は、より多数の地域で同一番組での広告というものであり、また、ナショナルスポンサーの獲得は民放にとって営業収益の増大につながる。一方で、地方経済が疲弊し、ローカルスポンサー（地域企業広告主）の獲得と番組制作が困難なローカル局にとっては、ネットワークでの「番組受け」は番組を作らずして広告費の配分があるというありがたいシステムなのだ。

民放のネットワーク系列化は、結果的に東京中心の情報網を作り上げることに寄与することとなり、私たちは日本全国どこにいても東京から発信される情報を共有することになった。東京で制作された番組とその合間に流れるCMは、大量生産・大量消費のシステムに支えられ、東京を中心にあらゆる情報が発信されている。東京（キー局）への集中化は止まらず、ローカル局がキー局に依存せざるをえない構造は次第に強化され、地方経済の衰退とパラレルに中央集権の肥大化は進んでいくのだった。

5 オトコ（会社）同士の〝絆〟
――「全国紙・キー局」チームの独占的地位

日本の新聞社と放送局には、実は〝親密な絆〟があるのをご存知だろうか。

戦後のマスメディア産業のなかでは、新聞産業がいち早く発展し、映画や出版などそれぞれの産業が競合しながら発展してきたのだが、民放の設立を契機にして、民放企業と他産業企業との結合関係が生まれた。すなわち、民放企業の設立に際し、新聞企業をはじめとして映画や出版企業が参画し、「放送産業を接点として従来はほとんど没交渉であった新聞の出版事業、ニュース映画製作などはあったが――新聞資本、映画資本、出版資本の間に、資本、営業活動の両面を通じて、いわゆる〝立体化〟すなわち〝有機的結合体〟ができた」（高木 1960）とされる。「なかでも、設立当初の民放局がニュース報道において新聞社の提供する新聞報道に依存せざるをえなかったこともあり、民放企業と新聞企業の結合関係は、特に密接」（美ノ谷 1998）になっていった。美ノ谷和成（1998）は、民放誕生時に新聞企業が放送企業に対する主要株主として積極的に資本参加した理由として、「放送事業に積極的に参入することによってマスメディア企業としての危機感を回避しようとした」ことを挙げているが、実際、一九五一年の最初のラジオ予備免許を受けた一六社のうち一五社までが、新聞企業が母体の局で占められていた。

全国紙とキー局の関係を具体的に見ていこう。日本テレビ放送網は『読売新聞』を母体として一九五三年に開局、続いて「『毎日新聞』と東京放送」「『産経新聞』とフジテレビ」「『朝日新聞』とテレビ朝日」「『日本経済新聞』とテレビ東京」のチームができあがった。その後、この「全国紙・キー局」チームが自らのネットワークの系列局作りのために、ローカル局にも資本参加するようになった（ローカル局設立には地元の有力地方新聞紙も資本参加）。ネットワークはキー局にとって安定したナショナルスポンサーの獲得のために必要条件であり、ローカル局にとっても経営を安定させる道であった。

新聞産業において独占的地位を確立した全国紙が、地上波民放キー局との結合関係を深め、「全国紙・キー局」チームが、今度は地上波民放企業を系列化し、独占的地位を確立するにいたっているが、その背景には、こうした資本・株式関係と役員兼職関係が基礎となっている。このことは、日本の民放の大きな特徴である（美ノ谷 1998）。

私たちは、日本全国のどこにいてもＮＨＫと民放のテレビを必ず見ることができるが、それは主要なテレビ（キー局）のコンテンツばかりが放送されているということにほかならない。そして、その後ろには「五大紙」が控えているという構造がある。こうした独占的な〝ネットワークと「系列」体制〟は、日本の言論メディアが多様性に乏しいことを物語っている。

また、新聞産業と放送産業の発展に一役買っているアクターとして、広告代理店（特に電通）の存在を忘れてはならない。国内最大の代理店である電通が主要株主になっているテレビ局も複数あり、電通はローカル局の設立において主導的役割を果たしたことや、経営基盤が固まるまでの指導育成と、資金的・人的援助を行った経緯があり、今日でも民放企業との密接な関係が続いている（美ノ谷 1998）。

このように、新聞社・放送局・広告代理店など大手メディア産業は、資本面・人事面で相互に強くつながっており、経営はほぼ男性たちの手に委ねられている。日本には幾重にも重なった男性支配のメディア企業文化が、岩盤のように横たわっているのだ。そして、こうした既得権益のもたれあいともいうべき会社同士の〝絆〟は、日本の企業社会のオトコたちが作り上げた体制である。言論空間であったはずのマスメディアもまた、その組織はホモソーシャルな利害関係から自由ではない。

現在の新聞社は、主力事業である新聞事業の販売および広告収入が激減しているが、事業体としては自社およびグループ企業を通じて、旅行、不動産などさまざまな事業を展開している。日本の新聞社は**メディア・コングロマリット**（複合企業体）であるといえる（松井 2018）。

他方、二〇〇八年施行の放送法の改正により、在京キー局は、軒並み「認定放送持ち株会社」へと姿を変え、グループ企業の再編を行っている。放送産業もまた、テレビ局をもその傘下に置く、より大きな情報産業へと組み込まれていく最中にある。こうした寡占体制は、ジャーナリズムの生産過程に大きな影響を及ぼすことになる。利益の追求を最優先にする体質が強まると、コンテンツのプロダクションの縮小や削減が進み、当然の帰結として、ジャーナリズム活動の足腰が弱まることに懸念が寄せられている。

6　オンナたちからの問いかけ

最後に、**マスメディア・ジャーナリズム**について少し言及しておきたい。

戦後のジャーナリズム（つまりマスメディア・ジャーナリズム）を象徴する原則に、「客観報道」がある。ニュースに客観性を付与することがジャーナリストの職能とされ、報道における客観性を具体化するルールが作られ、制度化されてきた。中正樹（2018）は、日本における客観報道をめぐる議論の特徴として「マスメディア企業に所属するジャーナリストはそれを肯定的に論じ、それらの企業を退職したジャーナリストは批判的に論じるという現象」を挙げている。これは興味深い指摘である。**商品化**が進むマスメディア・ジャーナリズムで、ニュースもまた「商品」として扱われ、「マスメディア企業は、客観報道の遵守を謳うことで、特定の政治理念を支持することによる政府からの圧力を回避し、幅広い思考の読者を獲得して」きたが、忠誠心の高い彼らは在職中には所属企業の批判はせず、退職したとたん、この客観報道こそがジャーナリズムの弊害の要因として、「実際には不可能な理想」として批判するのだ。客観報道は「あいまいな定義のまま放置されることで、肯定するにも批判するにも便利なキーワード」となってきた。そして、その解釈や実践をめぐってはジャーナリズム全体の問題となることはないのである（中 2018）。

そうしたなか、二〇一〇年代に入ってからこれまで男性中心に語られてきたメディア・ジャーナリズム論に、ジェンダーの視点から新たな提案を行う著作が相次いだ。林香里（2011）は、「大新聞や公共放送、あるいは民間商業放送などにみられる近代に発達したマスメディアによるジャーナリズムを「オトコ」のジャーナリズム」と呼び、「そこから省略、あるいは除外された草の根ジャーナリズム、あるいはオルターナティヴ・ジャーナリズム」を「オンナ・コドモ」のジャーナリズムと呼び、そこに「ケアの倫理」を導入した「ケアのジャーナリズム」という概念を提示した。「ケアのジャーナリズム」は、マスメディア・ジャーナリズムの客観主義からなる「客観」「公正」「中立」といった価値の限界を補うものとして、「他者のニーズにどのように応答するか」を問う「ケアの倫理」を導入した試みであり、ジャーナリズムの多様性を模索するものである。

小玉美意子（2012）も、男性中心の企業の体質を持つマスメディアのコミュニケーションを補完する「シェア・コミュニケーション」や「ケア・コミュニケーション」を提案している。

いずれも、男性中心で企業化されたオトコたちが担ってきたマスメディア・ジャーナリズムやマスコミュニケーションに風穴を開け、オルターナティヴに光を当てることで、多様性のあるジャーナリズム活動やコミュニケーション活動を企図したものだ。

本章の冒頭でも触れたが、マスメディアの現場には徐々にではあるが女性が増え、企業に忠誠を誓う男性中心の企業文化を少しずつではあるが内側から変えようという動きがある。

二〇一八年、「メディアで働く女性ネットワーク（WiMN）」が結成され、二〇二〇年には『マスコミ・セクハラ白書』（WiMN編）が刊行された。これはテレビ局の女性記者に対する財務省幹部のセクシュアル・ハラスメント事件をきっかけにしたメディア業界の女性たちによる#MeToo運動である。告発した女性記者に対して「取材テープを他者に渡すのは倫理違反」などといった批判が出始めたことから、メディア業界の女性たちが立ち上がった。

職場におけるハラスメントは、男性社会で働く女性たちにとって、もっとも悩ましく、そして怒りを覚える問題である。男性と同じようにネタを取ることが一人前とされる報道活動は、ハラスメントの被害にさらされる危険性を日常的にともなう。『白書』には「被害の告発だけでなく、これまで沈黙に耐えたことがさらなる被害を引き起こす業界を作ってきてしまったと猛省している声」（松元 2020）が収められた。松元千枝は「「客観性を担保する」ことを盾に当事者としての声を奪われ連帯する機会をも奪われてきた私たちは今、メディア業界の未来のため、メディアで働くことに胸躍らせる学生が本当の意味で輝ける職場を作るために立ち上がる」と宣言した。被害にあっても組織に迷惑をかけないように、仕事に支障が出ないようにと「沈黙」してきた人たちが、「もう黙らない」「もうわきまえない」と「声」を上げ始めた。そのうえで、彼女たちは次のように述べている。「社会の隅に追いやられた声を拾い上げ、だれもが住みやすい社会にするために報道することを誇りに思う」と（松元 2020）。

このように、メディア業界でもその内部の女性たちから、オトコ目線の企業文化やオトコたちのジャーナリズムへの揺さぶりが始まっている。

単純に女性割合が増えれば良いという話ではないのは承知だが、マスメディア企業にはまずは、悪評高いジェンダー・ギャップの解消に取り組むことから始め、これまでのオトコ中心の企業文化を見直してほしい。オンナたちの「声」に耳を澄ますことで、これまでのマスメディア・ジャーナリズムのあり方を再考してほしい。ジェンダーの視点でマスメディア・ジャーナリズムを考えること、それは、女性の問題に限らず「社会の隅に追いやられた声を拾い上げ、だれもが住みやすい社会にするため」（松元 2020）の多様性のあるジャーナリズムを模索するきっかけとなるのだから。

（北出真紀恵）

第7章の基本文献

藤竹暁・竹下俊郎編　二〇一八『図説　日本のメディア［新版］——伝統メディアはネットでどう変わるか』NHK出版。

ダヤーン、D／カッツ、E　一九九六『メディア・イベント——歴史をつくるメディア・セレモニー』浅見克彦訳、青弓社。

林　香里　二〇一一『〈オンナ・コドモ〉のジャーナリズム——ケアの倫理とともに』岩波書店。

8　ニュースとは
——報道が描く女性像

＊本章のキーワード＊
ニュース価値　議題設定　ゲートキーパー　エコー・チェンバー現象　象徴的排除　スキャンダル　犯罪報道　ヒューマン・インタレスト

1　ニュース価値とメディアの議題設定

この章では、ジェンダーの観点からニュースを考察する。私たちが日頃見ているニュース番組やインターネットのニュース報道に見られる、ジェンダーのアンコンシャス・バイアス（ジェンダーの偏り）の特徴、また、アンコンシャス・バイアスはなぜ生じるのか、それらは私たちの現実認識にどんな影響を与えているかについて考えたい。

新聞やテレビのニュース番組、インターネットの検索サイト、スマートフォンのアプリなどを通して、私たちは日々ニュースに接している。では、ニュースとは何だろう。ニュースとは一般に新しい出来事を知らせることであるが、その特質は「人々が新しいと認識する情報」「社会に向けて発信された公的な情報」「人々の関心を集める情報、あるいは人々がみずからの利害とかかわると考える情報」と整理される（大石 2000）。つまり、ニュースは単なる「新しい情報」というだけではなく、人々が関心を持ち重要と考える公的な事柄――社会的争点につながるものだ。

どんなニュースが伝えられるかは、私たちが社会的争点を知っているか／知らないか（＝認知）、何が重要な争点か（重要度の順位）など現実理解や社会をどのようにとらえるかに影響するが、当然、世の中で起こっている出来事すべてがニュースになるわけではない。記者の取材に始まり、紙面や番組の制作過程における取捨選択の結果、採用されたもののみがニュースとして伝えられるのだ。

ニュース制作の流れにおいてエディター、デスク、レポーターといったニュースを選択・決定する立場の人物を「**ゲートキーパー**」という。ニュース選択において関門の役割を果たすゲートキーパーがどのようにニュースを決定しているかについて、古くはデイヴィッド・ホワイト（White 1950）が、ある地方新聞で通信社から送られてくるニュースを取捨選択しているエディターに、不採用にしたニュースについてその理由を尋ねている。彼らは「おもしろくない」「重要でない」「紙面がない」などのあいまいで主観的な理由で判断していた。

「ゲートキーパーがどのようなニュースを選択したがるか」というニュース選好の分析も行われている。どのような基準でニュースが選ばれているのか、①新しいか、②著名人か、③現場から近いか、④対立や争いがあるか、⑤非日常性や異常性があるか、⑥多くの人へ影響を与えるかが、一般的に基準とされる。これらの基準を規定要因としながら、**ニュース価値**があると判断された事柄がニュースとなる。

マクスウェル・マコームズとドナルド・ショウ（McCombs & Shaw 1972=2002）は、有権者が「政府が取り組むべき主要な問題」と考えるトピックとマスメディアの政治報道の内容を分析し、マスメディアがくりかえし言及し強調した争点と有権者が重要視した争点に強い相関が見られたことから、「マス・メディアで、ある争点やトピックが強調されればされるほど、その争点やトピックに対する人びとの重要性の認知も高まる」というメディアの**議題設定**機能の仮説を提起している。アメリカ大統領選挙の争点をめぐって検証されたこの仮説は、日々のニュースが私たちの現実認識における重要な争点を設定していることを示唆している。私たちが社会生活のなかで「何が重要なことか」「重要度の優先順位はどのようになっているか」を判断する際に、マスメディアは強力な情報源である。

2　ニュースにおける象徴的排除と偏見

これまでの研究でキャスターやレポーターなどニュースの伝え手に男性が多いことや、ニュースの情報源（ニュースソース）となっている人々の性別が男性に偏っていることが指摘されてきた。たとえば、一九九〇年代の調査では、アメリカのネットワークニュース番組では、ニュースの情報源となっている人々の性別は、男性が八三・七％で、女性はわずか一六・三％であるという（Liebler & Smith 1997）。

日本の状況については斉藤慎一（2012）が分析を行っている。二〇〇二年のNHKと民放の夜の四つのニュース番組（『ニュース10』『今日の出来事』『NEWS23』『ニュースステーション』）のニュースの情報源としての登場人物を分析したところ、ニュースのなかに登場する人々の約八割が男性で、女性は二割程度であった。さらに、それらの登場人物の職業についてみると、男性は「政府首脳・政治家・役人」や

「選手・コーチ・審判などのスポーツ関係者」など職業がはっきりした人々が大半であるのに対し、テレビニュース画面に映る女性（何らかの発言をした人物）は職業が不明というケースが多く見られたという（多い番組では七割近く）。

筆者が二〇二一年六月のある二日間を選び、夜の三つのニュース番組（『ニュースウオッチ9』『news23』『news zero』）で斉藤と同様に、ニュース情報源として登場する人物の性別をカウントすると、男性七六・三％、女性二三・七％であった。また、それらの人物を「政府首脳・政治家・役人」「スポーツ関係者（選手・コーチ・審判）」「事務員・会社員・店員」「学生」「その他」「不明」の職業別にカウントしたところ、斉藤の分析と同様に、男性は「政府首脳・政治家・役人」「スポーツ関係者（選手・コーチ・審判）」の割合が高く、女性は「不明」の割合が高かった。

女性がキャスターを務める番組が増え、テレビ画面において女性がマイノリティとは認識されにくくなっているが、現在の日本のニュース番組においても、ニュースの情報源には女性は少なく、登場する女性は「職業が不明」というケースが多く見られる。このように、女性やマイノリティなどがマスメディアにほとんど登場しない、登場する場合も周辺的役割しか与えられないことを、「象徴的排除」（Tuchman 1978=1991）という。

加えて、性的マイノリティの人々が当事者と認識されるかたちで登場するのは、性的マイノリティに関連したニュースの場合を除いてほとんどないと言ってよい。これだけ性の多様性が叫ばれる時代にあっても、ニュース情報源は多様とは言えない現状である。このことについて斉藤（2012）は、「女性や性的マイノリティにかかわりの深い社会問題が男性のそれに比べて取り上げられることが少ない」ことにつながると問題視する。

こうした現状の背景には、第7章でも言及されているようにメディアの送り手の多くが男性であることが関与しているだろう。ニュース制作過程においてマイノリティであることは、テーマの選択、伝え方にも影響を与えるからだ。ゲイ・タックマン（Tuchman 1978=1991）は、ニュースがどのように社会的に構成されるかを研究し、そのなかで女性解放運動の報道について調査をしている。「記事に載るようになるべく軽くウィットに富んだものにした。まじめに書いたら没になると恐れたのだ」などの女性記者の証言から、当時の女性解放運動がいわゆる「女性面」において「やわらかいニュース」として伝えられたいきさつを記述している。いわば〝苦肉の策〟として女性解放運動を「やわらかいニュース」として伝えたエピソードだが、これでは女性たちの主張が読者に軽くとらえられ、重要性や深刻さが届かない懸念もある。

現在でも、女性が登場するニュースは新聞では「生活面」に掲載されたり、テレビではナレーションやBGMでやわらかくときにはコミカルに印象づけられることが散見される。

また、かつて、小玉美意子（1991）は「ジャーナリズムの女性観」として、①人類の亜種としての女性、②客体としての女性、③従属的存在としての女性、④低能力者としての女性、⑤家に閉じ込められる女性、⑥画一的女性描写、という特徴を指摘した。たとえば、「①人類の亜種としての女性」とは、メディアの枠組み、記事の選択、表現方法いずれをとっても女性を特殊な存在と位置づけているという。「女子大学生」「女性医師」など女性であることが強調されるのは、人類の亜種――めずらしい存在として扱われているからだ。

三〇年前とは状況が異なり、さすがに女性の取り上げられ方は多様になってきたものの、小玉の指摘は現在も当てはまる点が多くある。女性はニュースに登場することが少ないが、登場した場合にはこのようなジェンダー・ステレオタイプが見られる。メディアが伝えるニュースには、象徴的排除とアンコンシャス・バイアスが潜んでいると言えよう。

3 インターネット社会におけるニュース

一方、近年では、ポータルサイトやソーシャルメディアを利用してニュース情報を得ている人が多くなっている。「情報通信メディアの利用時間と情報行動に関する調査」（総務省情報通信政策研究所 2020）によると、新聞およびニュースサイトなどからテキストでニュースを得る手段について、「ポータルサイトによるニュース配信」という回答が六七・一％で、「紙の新聞」の四九・二％を上回る。次いで「ソーシャルメディアによるニュース配信」（四四・一％）、「キュレーションサービス」（一六・九％）、「新聞社の無料ニュースサイト」（一二・一％）、「新聞社の有料ニュースサイト」（二・七％）の順であった。

ポータルサイトによるニュース配信は、記事の大きさ（あるいは映像の長さ）にかかわらず見出しが均等に並記されていること、そのなかから受け手自身が関心のある見出しを選んでアクセスすることなど、従来のマスメディアと異なる点があるが、大きな違いはポータルサイトがプラットフォームでありニュースの情報源が多岐にわたることにある。

たとえば、プラットフォームのひとつである「Yahoo! JAPAN」には、自社の記者が執筆した記事のほか、新聞社、通信社、雑誌社、テレビ局、インターネット・コンテンツ制作会社の記事などさまざまな制作元の記事が掲載される。記事の制作元の倫理基準はさまざまであるため、たとえ新聞社など従来のマスメディアがジェンダーによる偏りや性差別に配慮して記事を作成したとしても、同じニュースについて別の制作元により煽情的かつ性差別的で、興味本位に作成された記事や写真・動画が並列して掲載されることがある。よって、関連記事をまとめて閲覧する場合は、結果として後者の記事も読者の目に触れることになる。

さまざまな制作元のニュースが配信される点はソーシャルメディアも同様だ。さらに、ソーシャルメディアは、受け手が関心を持つ情報を選択してアクセスする傾向が強まるため、同じ意見の者同士のネットワークが形成されやすい。異なる意見と接する機会が減り、同じような意見をやり取りし合うことにより「**エコー・チェンバー現象**（共鳴現象）」が起こりやすいとされる。特定の価値観が増幅した状態で意見の書き込みが行われ、そこで発信された個人の意見や、真偽不明の情報がニュース情報と一緒に掲示板や「まとめサイト」において一覧され、さらに拡散される懸念がある。

こうしたソーシャルメディアの情報をもとにテレビの「情報ワイド番組」が制作されることもある（林ほか編 2022）。ニュース番組と情報番組の境界があいまいになっている昨今では、視聴者は、政治家や芸能人の**スキャンダル**、エンターテインメント作品のプロモーションもニュースと認識することもあるだろう。これまで以上に、情報を見極める力、受け手のメディア・リテラシーが問われている。

4　犯罪報道の現在——女性はどのように報道されるか

ここで、犯罪報道を例に考えてみたい。女性はニュースの情報源となることが少ないと先述したが、犯罪報道では反対に女性が多く報道される傾向にある。このことについて、矢島正見（1991）はニュース価値として、男性よりも女性、とりわけ若い女性が関わる事件が報道されやすいことを指摘している。また、犯罪報道はニュース報道におけるジェンダー・バイアスがとりわけ色濃く見られる場面である。たとえば、女性被害者、女性被疑者はともに容姿に言及される、過去の異性関係を殊更に伝えられるなどである。女性被害者には暗に落ち度を推測させるような表現が使われる、女性被疑者は母親や妻など性役割と事件を関連付けて報道されるなどの特徴も見られる。

従来から、日本の犯罪報道は、犯罪事件の背景や原因の解明や、読者、視聴者への注意喚起よりも、被疑者（あるいは加害者）個人に焦点を当てた報道がされる傾向にある。「新しさ」「速さ」が求められ、時間をかけた取材が難しいことや、読者・視聴者の**ヒューマン・インタレスト**を喚起することが購買や視聴につながることから、プライバシーの暴露が行われる。その結果、被疑者については、「犯人」を糾弾するかのように生い立ち、性格、行動などについて否定的に報道される。

犯罪事件に関するニュースは原則的に実名報道であることが、事件に巻き込まれた被害者も含め当事者を、結果として社会的に排除する働きをしてきた。実名で報じることにより個人情報とプライバシーに関わる情報が広く伝わり、いわゆる「報道被害」が深刻化する。一方、匿名報道ではニュースの信頼性が下がるという意見があるなど、議論がある。

こうした犯罪報道のあり方については、報道される者のプライバシーや人権という観点から一九七〇年代から問題提起されていた。一九八〇年代になって、第二波フェミニズムの流れを汲む市民団体や研究者による女性表現への批判が、犯罪事件の報道のあり方にも向けられ、性差別表現、女性被害者や女性被疑者に対するジェンダー規範に基づく表現などに言及されるにいたった。

筆者は、性犯罪事件の報道において被害者が落ち度を問われること、事件と無関係に容姿や異性関係に言及され、センセーショナル（煽情的）に伝えられることなどを研究してきた。こうした報道のあり方は、性のダブル・スタンダードが顕著に見られる社会のジェンダー観を反映したものだが、こうした報道が当事者への二次加害につながるだけでなく、性犯罪被害者が泣き寝入りせざるをえないジェンダー規範を強化してしまうのである。

このような傾向は、近年まで変化がなかった。女性が被害者の事件である女子高生コンクリート詰め殺人事件（一九八九年三月）と岐阜中二女子殺害事件（二〇〇六年四月）の新聞報道を比較すると、一五年を経た女性被害者の報道をめぐる状況には大きな変化はない。むしろ、被害者本人が発信したインターネット情報が引用されることが落ち度を推測させる内容になっているなど、報道被害が深刻化する側面も見られた（四方 2014）。

しかし、近年は変化が見られる。女性が被害者、被疑者として関わる六つの事件を選定し、『朝日新聞』の報道についてKHコーダーを用いた共起ネットワーク分析（出現パターンが似通った語、共起の程度が強い語を線で結んだネットワークとして描き、語と語が互いにどのように結びついているか読み取る計量テキスト分析）から全体的傾向をみたところ、個人のプライバシーや個人情報を想起する語や、煽情的な語の共起は見られなかった（四方ほか 2018）。同じ方法で週刊誌の被害者に関する報道について分析したところ、被害者に関する記述が総じて少なく、共起ネットワークでも煽情的な語や語句は見られなかった（四方ほか 2019）。

報道被害が問題視されたことや送り手側の努力により、新聞や週刊誌といった従来のマスメディアでは、個人のプライバシーの暴露や興味本位な犯罪報道は少なくなってきたと言える。

5 「報道被害」とネットミソジニー

新聞やテレビの犯罪報道において変化が見られ報道被害が減少する一方で、インターネット空間では当事者に関するさまざまな情報が拡散され「デジタル性暴力」が起こっている。

最近もいくつかの例がある（四方 2021）。目黒アパート不審火事件（二〇二一年二月）では、新聞各社の報道においては客観的事実のみの記述だが、ウェブメディアの記事には「不倫相手と撮った写真だという」というコメントが添えられたアップで上目づかいの被疑者女性の顔写真が掲載されている（『デイリー新潮』2021）。また、福岡男児餓死事件（二〇二一年三月）は、事件の内容から被疑者女性二人に関心が集まったが、そのうち一人については、子ども時代から結婚生活までを紹介しながら合計二五枚の写真を含む記事が載るなどしている（『NEWSポストセブン』2021）。

これらの記事に対して、コメント欄やSNSで発信された意見には、被疑者女性への誹謗中傷が多く見られる。人格を否定する内容や、容姿、とりわけ顔や体形について揶揄し、嘲笑する、事件と関連のない書き込みは、性的な内容にも及ぶ。インターネット空間では、被疑者を「叩く」風潮が激化している。

女性被害者の場合も深刻だ。二〇〇四年に成立した犯罪被害者等基本法などにより必要のない情報が伝わらないように配慮されるようになったが、マスメディアが伝えないとしてもネットユーザーによる無責任な書き込みにより個人が特定される、誹謗中傷されるといった事態が発生している。さらに、過去にインターネット上に拡散された情報は、「デジタルタトゥ」としてネット上にいつまでも存在することになる。

他方、被害者自身が犯罪被害を告発・発信するケースが見られるようになってきた。被害の実態を伝え警鐘を鳴らすだけでなく、同じ被害を受けて悩む人の力になる被害者救済、被害者支援につながる行動と言える。しかしながら、告発する被害者もまた責められる。二〇一七年にテレビ局記者（当時）からの性被害を告発した伊藤詩織さんの訴えは、当初は無視され、日本の大手メディアでほとんど伝えられなかった。それどころか、記者会見での服装、なぜ行ったのか（会ったのか）、ハニートラップ、売名行為ではないかなど、主にインターネット上で激しいバッシングにさらされる事態となった。

二〇一八年に報道された財務省事務次官（当時）によるテレビ局女性記者に対するセクシュアル・ハラスメント事件についても、被害にあった女性記者は同じくバッシングにあっている。この事件をきっかけに日本でも広まった性差別への異議申し立て「#MeToo 運動」においても同様に、申し立てする者が責められる例が見られる。

このような女性をターゲットとしたインターネット上の攻撃は、「オンライン・ハラスメント」や「オンライン・バイオレンス」と呼ばれ、世界的に問題になっている。国連人権理事会の報告では、女性のなかでも政治家、人権活動家、ジャーナリスト、ブロガーなどの職業が、また人種的・民族的マイノリティ、そして若い女性がターゲットになりやすいという。オンライン・ハラスメントが女性に向けられることを指し、「ネットミソジニー」と問題提起される（浜田・竹下 2019）。

ネットミソジニーは、インターネットが持つ匿名性や共鳴性という特性とミソジニー（女性嫌悪）が重なって起こっていることだ。二〇二一年には森喜朗元首相の女性蔑視発言が「炎上」するなど、女性差別解消への声が高まっているように見えるが、社会全体として理解が深まったとは言えず、法や制度の整備も十分ではない。性犯罪被害者へのバッシングで言えば、性犯罪事件がはらむ問題――根強い強姦神話、捜査や裁判の過程におけるセカンドレイプなどの解決すべき課題が残されたままであることもそのひとつだろう。

この章で見てきたように、ニュースはジェンダー・ニュートラルな領域ではない。ニュース報道を通して私たちは、今何が起こっているか、解決すべき社会課題は何かを知るが、伝えられるニュースの枠組み、情報源などにはジェンダーの観点からのアンコンシャス・バイアスが存在する。それは、ニュースの範囲を限定的なものにしてしまう可能性があるだけでなく、私たちのジェンダー観に影響を及ぼすこともある。新聞やテレビといったマスメディアにおいては、女性差別やジェンダー・バイアスにつながる表現は少なくなってきたが、インターネット空間においてはそうは言えない。受け手である私たちが発信する情報も加わって、むしろ激化する側面もある。今日、ニュース報道の影響はインターネットを介して多層的に広がることを認識する必要がある。

（四方由美）

第8章の基本文献

河原理子 一九九九『犯罪被害者――いま人権を考える』平凡社新書。
竹下俊郎 二〇〇八『増補版 メディアの議題設定機能――マスコミ効果研究における理論と実証』学文社。
林 香里 二〇一一『〈オンナ・コドモ〉のジャーナリズム――ケアの倫理とともに』岩波書店。
―― 二〇一七『メディア不信――何が問われているのか』岩波新書。
マコームズ、M 二〇一八『アジェンダセッティング――マスメディアの議題設定力と世論』竹下俊郎訳、学文社。

9　メディアを使う
――オーディエンス論から考えるジェンダー・ステレオタイプの影響

＊本章のキーワード＊
社会的認知理論　培養効果　ステレオタイプ　テレビ視聴

1　メディア×ジェンダー×オーディエンスの問題点

「メディアと女性」に関しては、メディアにおける女性の扱い、つまり偏った男女の登場頻度やステレオタイプな描写が、オーディエンス（情報の受け手）に負の影響を与えるとしばしば非難されてきた。最近のいくつかのCMは、そのステレオタイプな男女の描写がSNSで批判されている。たとえば二〇二一年一二月七日にＩＫＥＡの公式 Twitter で公開されたトレイテーブルのCMは、母親らしき女性がまるで召使のように描かれていると物議をかもした（佐藤 2022）。このCMでは、まずトレイテーブル使用前のおもちゃが散乱する部屋、そこに食べ物や飲み物が倒れ汚れていく様子が映し出される。続いてきれいに片付いた部屋のソファでくつろぐ男性と子どものもとへ、女性が広告商品の一部であるトレイでジュースやポップコーンを運びテーブルにトレイを設置するという内容である。しかし、女性がソファに座ることはなく、家事や家族の世話をする女性と、それを気に留める様子もなくくつろぐ男性という古典的な性別役割分業が描かれていたのである。

世間の批判の対象となるこうしたＣＭは「炎上ＣＭ」と呼ばれる。日本の元祖炎上ＣＭは、一九七五年の「私作る人、僕食べる人」というキャッチフレーズで有名なハウス食品工業（当時）のＣＭである。市川房枝氏の呼びかけで結成された「国際婦人年をきっかけとして行動を起こす女たちの会」が男女の役割分業を固定していると抗議したことで、二カ月足らずで放送中止にいたった。あれから半世紀近く経ってもなお、批判されるＣＭは後を絶たない。

瀬地山角（2020）は炎上ＣＭを、①性役割の固定化・強化、②容姿や外見を表現した「性差別」、③性的メッセージが強く、男性の願望が表出、④男性の性役割の固定・強化、の四つに分類しているが、このようなメディアでの偏った男女像の描写は、メディアを利用する私たち「オーディエンス」にどのような影響を与えているのだろうか。

この章では、そうした疑問に答えるために、私たちがジェンダー・性役割意識を獲得するプロセスにメディアがどのように関与しているかをみていく。そのうえで、なぜメディアにおける男女の登場頻度・描写の偏りを是正する必要があるのかを検討する。

ジェンダーは、パーソナリティや外見、振る舞い、行動、役割において男女それぞれを特徴づける文化的・社会的に形成される指標である（鈴木 1996）が、この章では、「男性は外で働き女性は家事育児に従事すべき」といった性役割観、男女それぞれの外見や性格・行動に対して期待される男らしさや女らしさ、女性を男性の性の対象とみなすといったことまでを含め「ジェンダー・性役割意識」と総称する。

2　社会・文化的装置としてのテレビ

ジェンダー・性役割意識は先天的なものではない。この世に生を受けた後に、身近な大人である母親・父親、教師や祖父母、年長の家族や友達から直接学んだり、テレビや絵本などのメディアを通して間接的に学ぶ。そうした学びのプロセスは「社会化」と呼ばれ、社会化において重要な役割を果たす身近な他者やメディアは「社会化のエージェント」と呼ばれる。私たちは、その他の文化規範や価値観と同様に、社会化によってジェンダー・性役割意識を学習する。メディアにおける男女の表象はオーディエンスのジェンダー・アイデンティティ、すなわち、「自分は女／男である」という自覚の知覚に影響し、そのアイデンティティが結果として性別にふさわしい役割についての態度や信念に影響を及ぼす(Bussey & Bandura 1999)。

みなさんは、たとえばアニメのキャラクターに憧れ、服装や髪型、話し方や立ち居振る舞い、人によっては乱暴な言動を真似したことがあるのではないか。アニメのなかで模倣対象となる人物の行動が肯定的に評価されたり良い結果に結びつけば、積極的にそのキャラクターの行動を真似る。それが否定的に評価されたり悲惨な結果をもたらすならば、模倣は抑制される。肯定的な評価などは「賞」、否定的な評価などは「罰」と呼ばれ、アルバート・バンデューラ（Bandura 1986）は以上のような私たちの心理的プロセスを**社会的認知理論**として提唱した。

ジェンダーの学習に各エージェントがどの程度の影響力を持つかを明らかにすることは非常に難しい

が、多くの研究者がテレビの影響に懸念を示してきた。それは、テレビが数あるメディアのなかで相対的に重要な地位を占めているからであり、そのことは一九九〇年代後半から二〇〇〇年代生まれのZ世代と呼ばれる若い人たちにも言える。Z世代は、物心ついたときにはデジタル技術が発達しており、今日ではオンライン空間で情報を入手するだけでなく発信も行っている。実際、博報堂（2021）が二〇二〇年に一五～六九歳の男女に行った調査では、男性の一〇～四〇代までと女性の一〇～三〇代は一日当たりのスマホ接触時間がテレビの接触時間より長かった（図9-1参照）。それでも、他のメディアに比べテレビはその視聴に高度な識字能力を必要としないため、ほとんどの人にとって、この世に生を受けてからもっとも早く利用し始めるメディアであろう。したがって、テレビとの付き合いは他のメディアよりも早くから始まり長期に及ぶ。また、性別・年代を問わず、「情報が信頼できる」のは使用時間の長いスマホ（携帯）よりもテレビである（図9-1、博報堂 2021）。特に若い人たちにおいては、スマホ（携帯）は通学・通勤といった移動中に使用できるモバイルメディアであるため、接触時間は長いが、それは必ずしも信頼に基づくものではないと考えられる。

また、テレビはニュースやドキュメンタリーといった硬派な番組だけでなく、バラエティやアニメ、ドラマ、歌番組といった娯楽を提供し、私たちを楽しませリラックスさせてくれる。テレビのおかげで私たちは直接見聞きできないことを間接的に体験し、知識を得たり人間関係の機微や価値観を学ぶことができる。たとえば、ニュースを見ることで遠く離れた地の悲惨な出来事や外国の文化を知る。アニメで描かれる友情からは、友達とはどのような存在か、他者に共感することや寛容であることの大切さを学ぶ。また、アニメやドラマの登場人物の服装や仕草、登場人物同士のやり取りを見ることで、女らし

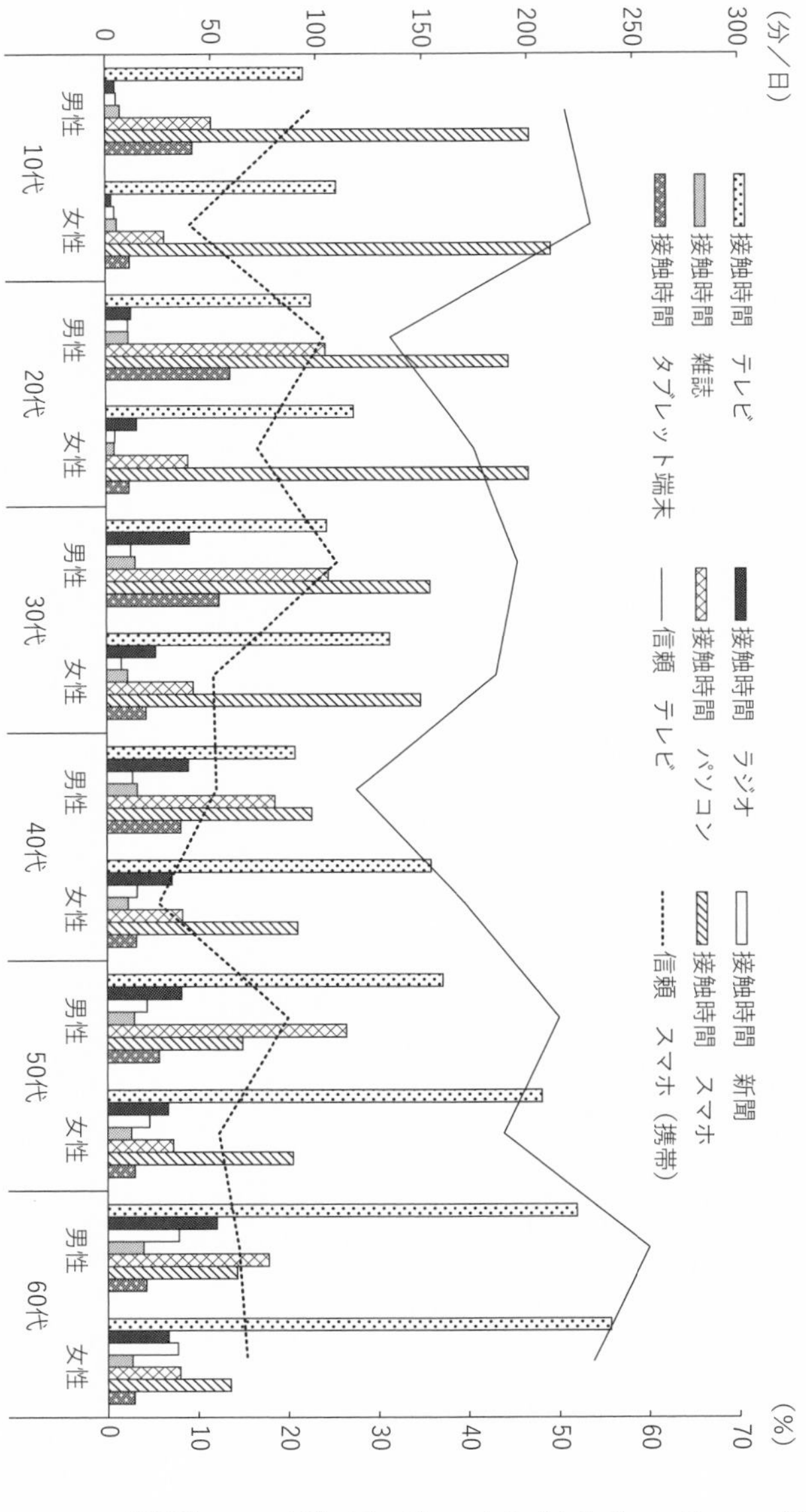

博報堂DYメディアパートナーズ　メディア環境研究所　メディア定点調査2020より作成

図9-1　性・年代別メディアへの接触時間と信頼

さや男らしさを知るのである。

3 ジェンダー・性役割意識を培養するテレビ

かなり古い研究であるが、一九七〇年代のアメリカで行われた実験を紹介しよう。スザンヌ・ピングリー（Pingree 1978）はテレビＣＭにおける女性描写が小学三年生と中学二年生の男女の性役割観に及ぼす影響を明らかにするための実験を行った。実験の結果、女性主人公が専業主婦のような伝統的な女性役割に従事するＣＭを視聴した小中学生男女は、非伝統的な女性役割が描写されたＣＭを視聴した小中学生男女よりも、女性役割についてより伝統的な考え方を示すことが明らかにされた。つまり、この実験に参加した小中学生男女は、視聴したテレビＣＭの内容と同じような考えを女性について持つようになったのである。

ＣＭの女性描写が女子大学生視聴者の自信や同調性に及ぼす影響を検討したジョイス・ジェニングス＝ウォルシュテットら（Jennings-Walstedt et al. 1980）の実験も紹介しよう。この実験には五二名の女子大学生が参加した。伝統的な女性役割が描かれたＣＭを視聴した女子学生たちは、非伝統的な女性を描いたＣＭを視聴した女子学生たちよりも、自分の判断に対する自信がなく同調性が高い、すなわち他人の言うことに賛成したり追随する傾向が高いことが明らかにされた。

以上二つの研究は、実験参加者に映像を見せ、その直後の心理状態を調べるものであったため、視聴する映像の影響が短期的なものか、長期に及ぶのかは定かではない。この点に関して、テレビ視聴の累積的影響を明らかにしようとしたのが、アメリカのコミュニケーション学者であったジョージ・ガーブナーである。彼と共同研究者たちは、一九六〇年代後半から長年にわたって数々の研究を行い、テレビドラマなどのフィクションをくりかえし長期にわたって視聴する人ほど、その現実認識はテレビで描かれた世界に近いものとなることを示してきた（Gerbner & Gross 1976; Gerbner et al. 1980; Gerbner et al. 2002など）。オーディエンスに対するテレビのこのような影響は「**培養効果**」と呼ばれる。ガーブナーらは、登場人物の性別や年齢などの偏り、現実世界よりも多く描かれる暴力描写、伝統的な価値観に基づく男女の描写などが、オーディエンスの現実認識をテレビに近いものに歪めること、それは短時間視聴者よりも長時間視聴者に顕著であることを明らかにしたのである。

培養効果を証明するためにガーブナーたちは、制度過程分析、メッセージ・システム分析、培養分析の三つの側面からなる「文化指標研究プロジェクト」という壮大な研究を計画した（詳細は巻末の文献リストに記載の書物と論文に委ねる）。培養分析こそがオーディエンス分析であり、メディアのシンボリックな世界がオーディエンスの主観的現実にどのような影響を及ぼしているかを明らかにしようとするものである。ガーブナーらは、テレビと現実世界における暴力事件や人口分布のズレが視聴者にどのように受け止められ、どのような影響があるかをくりかえし調査し、培養理論の精緻化に励んだ。ここではオーディエンスのジェンダー・性役割意識に対する培養効果をみていくこととする。

培養理論に基づく研究では、テレビの総視聴時間もしくは特定の番組ジャンルの視聴時間と性役割観や現実認識との関係が統計的に検討（量的検討ともいう）されてきた。また、過去に統計的検討が行われた複数の研究結果を収集し、それらを統合して総合的にいろいろな角度から分析する試み（メタ分析）も行われてきた（たとえばMorgan & Shanahan 1997; Hermann et al. 2021）。まずは、総視聴時間を重視するガーブナーらの主張に沿った研究をいくつか紹介しよう。テリー・フルーとポール・E・マッギー（Frueh & McGhee 1975）は、アメリカのミズーリ州で幼稚園児から小学六年の子ども八〇名のテレビ視聴量と伝統的な性役割観の関連を検討した。すると、どの年齢においても視聴時間が長い子どもたちの方が短い子どもたちよりも、玩具、洋服、道具などの選好において伝統的性別役割意識が強いことがわかった。

日本においては、斉藤慎一（Saito 2007）が二〇〜六九歳の男女四一七名に質問紙調査を行い、テレビの視聴時間が長い者は短い者よりも伝統的な性役割意識が強いことを明らかにした。斉藤は、伝統的な性役割意識を持つ者ほどテレビ視聴時間が長くなる可能性も統計的に検討した。すると、性役割意識→視聴時間という因果関係は認められず、視聴時間→性役割意識が真であることが確認された。

エリック・ハーマン（Hermann et al. 2021）は一九七〇年代〜二〇一九年に英語で発表された三七二の研究のデータを利用して総合的な分析を行うなかで、オーディエンスのジェンダー・性役割意識に対するテレビの培養効果を検討した。分析から、長時間視聴者の方が短時間視聴者よりもジェンダー・性役割意識がより伝統的であり、それは国を超えて認められ、現在の方が一昔前よりも効果が強いことが明らかにされた。さらに、培養効果はオーディエンスの性別で異なることはなく、特定の番組ジャンルよりも総視聴時間において強いことがわかった。

以上の研究結果から、テレビのステレオタイプなジェンダー・性役割の描写は、私たちオーディエンスにステレオタイプなジェンダー・性役割意識を植えつけ強化することがわかる。しかも、それは国・文化を超えて認められ、男性に比べより平等主義的なジェンダー・性役割意識を持つ女性においてもテレビ視聴時間が長くなれば、その意識はより伝統的になる。一生のなかでもっとも付き合いが長いテレビ。そんなテレビが私たちのジェンダー・性役割意識を日々培養している――この事実にみなさんは驚かずにはいられないのではないか。

4　メディア利用の多様化と培養効果

図9－1（一四二ページ）に示されているように、今日、私たちはテレビ以外にも多くのメディアを利用しており、さらにメディア利用のパーソナル化、すなわち個々人の利用するメディアやコンテンツの多様化が進んでいる。

筆者は他の研究者とともに、二〇二一年七月に二〇歳以上の日本人男女五二一名（男性二六〇名、女性二六一名）を協力者とするウェブ調査を行ったが、そのなかで、世の中の出来事を知るために、一八の情報源（紙の新聞、テレビのニュース番組、民放の情報番組、通信社・新聞社のオンラインニュース、ポータルサイト、ニュースが届くアプリ、YouTubeなどのインターネット動画など）の利用有無を答えてもらった。回答結果を統計手法によって分類したところ、「テレビ・ポータルサイト型」「全メディア利用型」「ネット中心ソフト情報型」「新聞・公式情報型」「YouTube中心型」の五つのメディア利用タイプの存在が明らかとなり、私たちのメディア利用は多様化しているとわかった。

このような状況を踏まえると、ドラマ、バラエティといったジャンル別の培養効果、映画やゲームなどのテレビ以外のメディアの培養効果にも目を向ける必要があるだろう。そこで、テレビの番組ジャンルとオーディエンスの視聴動機に焦点を当てた研究、番組ジャンルに加えメディアの種類の影響を検討した研究を紹介しよう。

ロドニー・カーベスとアリソン・アレクサンダー（Carveth & Alexander 1985）は、アメリカで二六五名の男女大学生を協力者とし、テレビの総視聴時間、ソープオペラ（メロドラマ）の視聴歴と調査時点での一週間当たりの視聴本数、視聴動機といったオーディエンスのテレビ視聴特性が、いくつかの職業の男女比率、離婚割合、非嫡出児の割合などについての視聴者の現実認識とどのような関係にあるかを調査した。すると、ソープオペラの視聴本数が多く習慣視聴する人ほど、ソープオペラで描かれることの多い離婚について、現実でもその件数を多く見積もることがわかった。

カリーヌ・エクスら（Ex et al. 2002）は、一〇代後半のオランダ人女性一六六名を対象にソープオペラとシチュエーション・コメディの培養効果に関する調査を行った。エクスらは、番組ジャンルに加え、同じジャンルのなかでもより伝統的な母性を描く番組とそうでない番組に分けて影響を検討した。すると、より伝統的な母性が描かれた番組の視聴頻度が高く、しかもそれらの番組を習慣視聴する年少の女性ほど、より伝統的な母親像を抱いていることが明らかになった。

四〇〇名を超える男子大学生を協力者としたソラヤ・ジャカリディら（Giaccardi et al. 2016）の調査では、男らしさに対する意識に焦点を当て、番組ジャンルに加え各種メディアの培養効果も検討された。すると、スポーツ番組やリアリティーショーをよく視聴する者ほど、また男性雑誌を頻繁に閲読する者ほど伝統的な男らしさを好意的に評価していた。一方、ゲーム頻度の効果は認められなかった。ゲームはスポーツ番組と同様に、女性より男性に親しまれるが、培養効果は見出されなかったのである。その理由としてジャカリディらは、伝統的な男らしさと結びつくゲームとそうでないものがあることを挙げている。つまり、アクションゲームやシューティングゲームのような攻撃性という男性性と強く結びつくゲームもあれば、パズルやカードゲーム、オンライン上で仲間とコミュニケーションをとることがメインのコミュニティゲームなど男性性との結びつきが弱いゲームもある。したがって、ゲームのジャンルを考慮して培養効果を検討すべきと考えられる。

以上、昨今のメディア利用の多様化を考慮し、テレビの総視聴時間以外の培養効果を検討した研究をいくつか紹介した。培養効果は、私たちが見たり聞いたりする内容の影響を受けることから、メディア、ジャンル、コンテンツを考慮した検討が必要であろう。また、エクスら（Ex et al. 2002）やジャカリディら（Giaccardi et al. 2016）が指摘しているように、番組やメディアの種類という括りに加え、ジャンルやコンテンツ特性――たとえば男性性と結びつきの強いスポーツ番組、男性向け雑誌、女性性と結びつきが強い女性向け雑誌など――も吟味すべきである。メディアの種類が増え、流通する情報量が増えていくなかで、私たちオーディエンスのメディア利用の多様化、換言すればパーソナル化・細分化が進むことは必至である。だからこそ、メディアやジャンル、コンテンツ特性を考慮した研究が必要であり、そのためには、量的研究に加え、インタビューや参与観察などの質的研究を併用し、丹念に影響の背景やプロセスを明らかにするハイブリッドな研究が行われるべきだろう。

5　なぜオーディエンスはステレオタイプな描写の影響を受けるのか

男性がメインキャスターで女性がサブキャスターのニュース番組、性的魅力を強調する女性アナウンサーの服装やバラエティ番組での女性芸人の容姿の扱い、ドラマやアニメにおいて男性が外で働き、女性を専業主婦とする配役などは、伝統的なジェンダー・性役割の描写であり、**ステレオタイプ**である。

私たちはテレビをはじめメディアにおけるステレオタイプな男女像の影響をなぜ受けるのか。ここではステレオタイプのメカニズムからその点を紐解いてみたい。

ステレオタイプとは、多くの人に浸透している固定観念や思い込みで、国籍、性別、宗教、職業などの社会的カテゴリーと結びついていることが多い。ステレオタイプという用語は、アメリカのジャーナリスト、ウォルター・リップマンが一九二二年に著した『世論』（Lippmann 1922=1987）のなかで初めて使用された。彼は「われわれはたいていの場合、見てから定義しないで、定義してから見る」と述べ、私たちの「頭の中にある像」が外界の情報を処理するのに使用されると指摘した。これこそがステレオタイプの機能であり、私たちは半ば無意識のうちにこの機能を活用し、日々情報処理を行っている。この機能を活用せずに情報を処理するならば、私たちは見聞きするすべてを新しい情報として詳細に観察し判断しなければならない。

たとえばお年寄りに道を聞かれた際、多くの人は行き先を手で示し、大きな声でゆっくりと話すのではないか。それは目の前の人が「お年寄りだから」である。「お年寄りは耳が遠い」というステレオタイプに基づき、「早口で小さな声で話すべきではない」と瞬時に判断しているのである。ステレオタイプの助けを借りなければ、目の前のお年寄りが聞き取れる声のスピードや音量を会話のなかで確かめる必要がある。一日のなかで直接会う人たち、テレビ画面越しなどメディアで見る人たち一人ひとりについて、そのような丁寧な情報処理を行い、人となりを判断することを想像してほしい。膨大な時間を要するだけではなく、私たちの情報処理能力をはるかに上回り、数時間で疲労困憊に陥るに違いない。

また、ステレオタイプは皆が共通して抱いていることが多く、社会で共有されている。ゆえに、ドラマの登場人物の役柄（刑事、先生、医者など）を私たちは瞬時に理解し、ストーリー展開を理解することに注力することができるのである。

こうしたステレオタイプの機能について、クレイグ・マクガーティら（McGarty et al. 2002=2007）は、①説明の助けになる、②エネルギーを節約する道具である、③集団信念である、と説明し、私たちの膨大な情報処理を助ける便利な道具であると述べている。テレビのニュース番組、ドラマ、アニメなどにおいて、ジェンダー・ステレオタイプと一致する女性像や男性像が採用されれば、オーディエンスの情報処理の負担は軽減され、内容の誤解は起こりにくくなる。つまり、最小限の労力でメディアの内容を理解できるという恩恵を、私たちオーディエンスは受けるのである。社会全体で共有されているからこそ、テレビをはじめとするメディアでのジェンダー・ステレオタイプは、オーディエンスに共通のメッセージを伝える。こうしてステレオタイプなジェンダー・性役割意識は、メディアと人々（社会）の間で循環的に再生産される。

しかし、ステレオタイプを多くの人が目にするテレビなどのメディアで採用し続ければ、ジェンダー・ステレオタイプは男女の能力や性格、外見的特徴を普遍的で生得的なものと私たちに思わせてしまう。その結果、男女の地位や男女それぞれに対する評価が固定化し、性別によって個人が判断されることになる。また、ステレオタイプに合致しない人が変わり者として否定的な評価をされる。ステレオタイプを便利な道具としてメディアで活用することが得策であるか否かをよく吟味すべきであろう。

6　グローバルな課題としてのジェンダー・ステレオタイプ

ＮＨＫ放送文化研究所が主催した「文研フォーラム2022」での報告によると、日本の人口に占める女性の割合は五割強であるが、ことテレビにおける女性の登場となるとＮＨＫ地上波と在京民放五局の全テレビ番組では四割弱、ニュース番組では三割を切るという。しかも女性は二〇代の若年層に偏っており、男性は中年層が多いそうである。

テレビにおけるこのような男女の偏りは、日本に特異な現象なのだろうか。ＧＭＭＰ（Global Media Monitoring Project）は、一九九五年から五年おきに世界各国で同じ日にテレビ、ラジオ、新聞のニュース報道における男女の登場割合を調査してきた。二〇一〇年からはインターネットニュース、二〇一五年からはニュースのツイートも調査対象となったが、ここでは女性の登場の経年変化を把握するために、伝統的なメディアにおける調査結果のみを概観する。調査が行われた年によって調査に参加した国の数は異なるが、女性の登場割合は、一九九五年に一七％（七一カ国）、二〇〇〇年に一八％（七〇カ国）、二〇〇五年に二一％（七六カ国）、二〇一〇年に二四％（一〇九カ国）、二〇一五年に二四％（一一四カ国）、二〇二〇年に二五％（一一六カ国）であった（GMMP 2020）。この結果から、世界のニュース報道における女性の登場割合は、少しずつ増えているが、いまだにその割合はかなり小さいとわかる。

以上より、テレビにおける男女の登場頻度は異なるため、その棲み分けや描写の差異はグローバルな問題としてとらえていくべきと言える。男女の登場の偏りを是正すべきという意見が行き過ぎと非難されることがあるが、それは間違いである。なぜなら、登場の偏りやステレオタイプの影響をオーディエンスは確かに受けるからである。オーディエンスのメディア・リテラシーを高めるという方策もあろう。しかし、それは最善の策ではないはずである。その理由はこの章を読んだ読者の方にはわかるはずである。

テレビをはじめメディアは私たちにメディア寄りの意識・考えを培養する。それは私たち人間特有の情報処理と関連が深い。人間の情報処理の特徴、すなわちステレオタイプを、私たちは便利な道具として無意識に使用していることを自覚し、テレビをはじめメディアにおける登場人物の偏りやステレオタイプな描写を「気にしすぎ」で済まさない。このことを私たちオーディエンスは肝に銘じておこう。

（有馬明恵）

第9章の基本文献

李光鎬・渋谷明子編　二〇二一『メディア・オーディエンスの社会心理学〔改訂版〕』新曜社。
大坪寛子　二〇〇三「培養理論に関する一考察」『哲學』一一〇。
斉藤慎一　二〇〇二「テレビと現実認識――培養理論の新たな展開を目指して」『マス・コミュニケーション研究』六〇。

コラム3

「女子アナ」がいなくなる日

小島慶子

あなたは「女子アナ」が好きですか。
「女子アナ」になりたいですか。
「女子アナ」と結婚したいですか。

「女子アナ」は、尊敬できる仕事でしょうか。

まず知ってください。尊敬できる仕事でしょうか。「女子アナ」は、職業名ではありません。三〇年以上前に民放テレビ局が広めた、若い女性アナウンサーを指す俗称です。今や蔑称と言ってもいいでしょう。

「女子アナ」と聞いてイメージするのはどんな人ですか。若くて、容姿が整っていて、好感度の高い女性? 新人時代にバラエティ番組で人気になって、三〇歳前後で情報番組の司会やニュースキャスターをやってから有名人と結婚する。タレントのような振る舞いもするし、司会や原稿読みもする。優等生。軽薄。知的。あざとい。勝ち組正社員。華やかなタレント……。

いわゆる「女子アナ」と呼ばれている女性アナウンサーには、放送局の社員もいれば、芸能事務所に所属している人もいます。注目度が高く、よくネットのゴシップにもなりますね。タレントのようだけどジャーナリストのようにも見え、どっちもできるようだけどどっちも本業ではないようにも見える。一貫しているのは「視聴率を稼ぐ華やかな役割」を期待されていることです。

多くの場合、「女子アナ」は異性から見て性的な魅力がないと感じられる年齢になったら、画面に映る理由がなくなったとみなされます。今どきそんなあからさまな性差別はないだろうと思いますか？　では、白髪や皺の目立つ女性キャスターや司会者は何人いるでしょうか。熟年キャスターは男性ばかりです。ある女性キャスターが「女子アナ」と呼ばれることについて語った「敬意を感じない」という感想が、すべてを表しています。

起源は一九八〇年代。民放テレビ局でそれまで契約社員だった女性アナウンサーが正社員化したことを機に、女性を積極的に起用する動きが起きました。しかしそれは、能力や実績を評価するものではありませんでした。新人アナのアイドル化という〝男が考える女性活躍〟として誕生したのが「女子アナ」だったのです。それに伴い内輪の呼称だった「女子アナ」がブランド化しましたが、「女子」には、男性のお世話係や職場の華の役割が期待されています。対等な仕事の仲間として扱う呼称ではありません。それが三〇年以上、ほぼ変わっていないのです。

あなたの周囲でも、若い女性が「女子アナ」のようにアイドル化されたり、男性のお世話係をさせられたり、飲み会で〝偉い人〟の横に座らされたり、容姿を品評されたりしていませんか。女性は若いほど価値があると思われていませんか。女性は男性や目上の人に従い場を和ませるのが美徳とされ、意見を言うと「生意気、ヒステリー」と批判されていませんか。それが日常的に行われていると、女性自身も若さと見た目が〝女の特権〟であり、それを最大限に利用するのが唯一の生き残る道だと思ってしまいます。「若い女は男よりも注目されてずるい」と思う人は、女性が三〇代、四〇代、五〇代でも起用されているか、能力や実績を正当に評価されているか、男性と同等の待遇や責任を与えられているか、よく見てください。そうはなっていないでしょう。

従順で可愛らしいアシスタント、「女子アナ」

が未だに女性のキャリアの成功例とみなされるのは、日本が世界有数のジェンダー格差大国であることと無関係ではないでしょう。日本の女性は社会的・経済的に不利な立場におかれています。女性をあくまでも性的存在として扱う根深い蔑視も残っています。

番組で女性アナウンサーに画面の華の役割を負わせるのは、日本のテレビ局がジェンダーという人権に関わる極めて重要な課題に無関心であることの表れとも言えます。都市部や全国区の放送局では昨今少しずつ変化が出てきましたが、多くのローカル局やインターネットテレビでは旧態依然とした「女子アナ」が再生産され続けています。

国が、雇用や賃金などのあらゆるジェンダー格差をなくすこと、そしてメディアも英ＢＢＣの「50：50」の取り組みのように、制作者と出演者のジェンダーの偏りや役割のステレオタイプ化をなくすこと。テレビジャーナリズムを担う経験豊富な女性アンカーの育成を進めること。それが果たされれば「女子アナ」と呼ばれる不可思議な仕事はなくなるでしょう。多様な見た目、多様な年齢、多様な役割のたくさんの女性たちが、画面で長く活躍できるようになる。それと同じ光景が、議会でも企業でも、学生生活でも当たり前になる。日本がそうなるまで、あと何年かかるでしょうか。

こんど「女子アナ」と言いそうになった時は、ちょっとこのことを思い出してください。あなたは、その人をなんと呼びますか。どんな違和感を覚えますか。変化はそこから始まります。

こじま　けいこ（エッセイスト、東京大学大学院情報学環研究員）

第Ⅳ部 メディア文化とジェンダー

10 サブカルチャー論
――女性の抵抗文化とエンパワメントの循環

＊本章のキーワード＊
メインカルチャー／サブカルチャー　ギャル　レディース　フィーメル・ラッパー

1 メインカルチャー／サブカルチャーを分かつ境界線の力学

ある日、小学校二年生（当時）の娘が「ギザギザハートの子守唄」（康珍化作詞、芹澤廣明作曲）を口ずさみながら揚々と下校してきた。チェッカーズのデビューシングルである同曲は、筆者が小学校三年生であった一九八三年にリリースされたものである。なぜ彼女が一昔前のポップソングの歌詞を口ずさんだのか。それは、この曲が小学生の子どもたちにも大人気であるAdo「うっせぇわ」（syudou作詞・作曲）のオマージュの対象であることと関連している。二〇二〇年に発表された「うっせぇわ」は、たとえ違和感を覚えても従順に生きていくことを求める社会の雰囲気への憤りを表現した曲で、少なくない大人世代もこの曲のリリックや世界観に共感を示している（『朝日新聞デジタル』2021）。いわゆる団塊ジュニア世代である筆者にも、かつてのヤンキー文化や抵抗文化を想起させる。すなわちこの流行曲は、社会のマジョリティやマスメディアの商業主義を代表するような**メインカルチャー**ではなく、マイノリティや独自の芸術性を追求する**サブカルチャー**的な感覚にも訴えてくるのである。

「ギザギザハートの子守唄」

「うっせぇわ」

サブカルという言葉が示すように、今日では、サブカルチャーという言葉は日常的な用語としてなじみ深いものとなっている。社会学におけるサブカルチャー研究の射程は、メディア文化、若者文化、対抗文化、アングラ文化、逸脱文化などのかなり幅広い領域に及んでいる（伊奈 1999）。サブという接頭辞は、上位の文化に属する伝統的かつ高級な文化に対する下位、全体の文化を反映するマジョリティに対するエスニック・マイノリティなどの部分、あるいは主流文化に対抗する文化などの意味が込められているといえる（難波 2007）。

一九二〇年代後半以降のシカゴ学派の都市社会学研究にみられるように、このような非主流に位置づけられる人々の営みは、工業化と都市化にともない移動して集住したエスニック・マイノリティや若者文化の「逸脱」など、周縁化された「他者」の文化として発見され、意味づけられてきた。もう一方で、ポスト工業化の時代へと移行していくなかで、イギリスを中心に一九六〇年代半ば頃から展開したカルチュラル・スタディーズでは、サブカルチャーを「他者」の文化として考察や分析の対象のみに留めるのではなく、もしくは「逸脱」や社会病理といった社会的な脅威や治癒・更生の対象としてではなく、支配的な文化や規範が生み出す抑圧に抵抗するために主流の文化と「折衝《せっしょう》」する文化的実践（negotiating practice）として意味づけてきた（山本 2017; 小笠原 2019）。

ただし、社会の主流であるメインカルチャーとサブカルチャーの境界線は、一九八〇年代以降、とりわけ一九九〇年代の後半頃から消滅しかかっていることが指摘されている（遠藤編 2010）。この間、グローバル化や産業構造の転換にともなったポスト工業化やインターネットの登場とともに、文化の生産と消費の様式や、サブであることに込められた下位・部分・抵抗の内実も大きく変容した。また、女性の高学歴化やＩＴ技術の発達などを背景とした社会への進出が、女性的な価値観や視点を社会に与えていることは間違いないだろう。そして現在、フェミニズムが「クールでカッコいいファッショナブル」なものとして流行している状況において（高橋 2020）、この曲は一般にも広く親しまれるポップな装いをしているものの、女性の抵抗文化を継承している感じがするのだ。ここに、ポップ（メイン）なものとサブな文化の境界線を見出すことができるだろう。

すなわちこの曲は、筆者のような旧世代にとっての、女性の抵抗文化やそれと連なるような周縁的なサブカルチャー経験と結びついたのだ。本章でも論じていく、かつて周縁化されていたヤンキー女子や**ギャル**が放ったであろう、それぞれの「うっせぇわ」という怒りの表現が、世代を経て娘を経由するというポップな回路で筆者に伝わってきたということだ。このサブカルチャーとポピュラーカルチャーの結節点を、メディア技術の進展や女性の社会進出とともに、私たちのライフスタイルや価値観が大きく変わったように、何が主流で何が周縁的なのかというメインカルチャーとサブカルチャーが互いにせめぎ合い「折衝」する場と位置づけることができるだろう。すなわち、かつての「うっせぇわ」と現在の「うっせぇわ」には大きな断絶が認められる。そこに、抵抗文化が社会の主流文化に取り込まれて消滅する流れを見出すこともできる。ただしもう一方では、ポピュラーなフェミニズムの循環を通じて別のサブカルチャーの回路が切り開かれているとも考えられる。

本章では、この問いを導き手として、女性たちが置かれた周縁的な状況を抵抗というかたちで表現してきたサブカルチャーとメインカルチャーの間にある断絶と連続性の双方に目を向けたい。そのうえで、両者を批判的につないで、女性たちをエンパワーすることを志向する表現文化に焦点を当てることにより、サブカルチャーの循環を浮き彫りにすることを試みる。

2　サブカルチャーとジェンダー秩序――自分の言葉で語ること

フェミニズムをめぐっては、第二波フェミニズムの成果が日常のなかに「薄く持続的に浸透」している現在、ジェンダー間の不平等が是正されてフェミニズムはもはや必要ではないという雰囲気が充満するポストフェミニズム的状況にあると指摘されている（菊地 2019）。ポストフェミニズム的状況を批判的に考察してきたアンジェラ・マクロビーは、カルチュラル・スタディーズを含め、既存の若者のサブカルチャー研究において女性の視点が欠如してきたことを指摘している（McRobbie & Nava 1984; 難波 2007）。抵抗文化において描かれてきた主人公はつねに社会のマジョリティに属している男性であり、女性たちの存在は描かれないか付属的なものとして位置づけられる。たとえば、一九七〇年代中葉のイギリス工業都市バーミンガムの労働者階級の若者たちを描いたポール・ウィリスの『ハマータウンの野郎ども』に登場するのは、白人男子生徒のみである（Willis 1977=1996）。

日本の研究に目を向けると、一九八〇年代初頭の京都の暴走族たちのフィールドワークをもとに執筆された佐藤郁哉の『暴走族のエスノグラフィー』（1984）において主に焦点が当てられているのは男性の暴走族メンバーである。彼らがバイクや車といったモノを改造して社会や大人が生み出した規則に抵抗する姿がいきいきと描かれている。このエスノグラフィには女性の暴走族である「レディース」たちも登場する。ただし、男女間に存在する文化的な差異は示されているものの、彼女たちの営為は男性の暴走族文化を後追い的に踏襲したものとしてとらえられており、男性中心社会を補完するような文化的な性別分業とでもいえる価値観を内面化したものとして位置づけられている。それゆえに、何が彼女たちを集団で暴走する文化へと駆り立てるのかという社会的背景は見えてこない。たとえば、男女差はもとより、階層、エスニシティ、セクシュアリティといった抵抗文化の源泉となるさまざまな要素との結びつきは見えてこない。ただし、そのような複数の要素が交差する境界線にあらためて目を向けてみると、女性の抵抗文化の主人公たちは必ずしも男性の不良文化のオマケ的な存在に甘んじていたわけではなく、さまざまな状況が交差する緊張関係のなかで独自の文化を生み出してきたのではないだろうか。

たとえば一九八九年に創刊されたレディース雑誌『ティーンズロード』初代編集長である比嘉健二によれば、創刊当初は「不良少女」による男性アイドル雑誌『Myojo』のような雑誌にする予定だったという。比嘉は雑誌を創刊した頃のエピソードについて「怖さはあんまり演出したくなくて、どちらかというとヤンキーアイドルみたいにしたかったんだ」と述べている。ところが、「やっていくにつれ、取材したレディースからの怖くしてほしいっていう要望に応える形になってきて、不良色が濃くなっていった」（ヤンキーメイト制作委員会編 2020）。比嘉が取材して印象に残っているレディースの一人が、埼玉県の東松山でレディース総長にのぼりつめ、雑誌のカバーを飾ったこともある中村すえこである。比嘉にとって何が印象的だったのか。それは、彼女が自分自身の思いを言語化する能力に長けていたということであった。「総長になった女の子たちって、みんな自分の言葉で話すことができるんだよね。どうやってチームをまとめていこうと思っているとか、ビジネスマン的なビジョンをちゃんと話すの。その中でも、すえこちゃんは頭一個抜けてる感じで、しっかりと自分の言葉で話すわけ」（ヤンキーメイト制作委員会編 2020）。

このように『ティーンズロード』は、ポップ（メイン）なものとサブな文化の境界線にあるといえる。そこに目を向けてみると、不良男性の抱く女性像に回収されるのでもなく、男性文化の「二番煎じ」に陥るのでもない、自分自身を語るオリジナルな言葉が生み出した文化が、時代を越えて脈々と受け継がれてきた系譜が浮きあがってくる。以下では、女性の抵抗文化をめぐるメディア表象と実践の変遷を追いつつ、この文化の境界線における主流の文化と「折衝」する文化的実践の領域を明らかにし、女性の抵抗文化をめぐるエンパワメントの循環を浮き彫りにしたい。

3　ポストフェミニズム的状況と抵抗文化の変容
――引き継がれる抵抗のバトン

かつて中村すえこたちが暴走族やレディース文化を謳歌した、「15の夜」（尾崎豊）にバイクを盗んで走り出すといった類の抵抗文化が消滅してずいぶんと時間が経つ。佐藤が描き出したような「逸脱」の文化も、性別分業を前提とした工業化とその中核となった製造業によって安定した労働や雇用条件という未来が担保されていたからこそ成立していたともいえる（川端 2020）。高度経済成長の終焉とそれによって支えられた福祉国家が再編されるポスト工業化と新自由主義の時代において、暴走族やレディースのような、モノの改造や流用を通じた抵抗文化は後退している。大人たちが作り上げた「正しさ」の証であるモノを改造・破壊したからといって、もはや抵抗の意味を見出すことは困難である。なぜならば、「卒業」しても安定した身分が保証される時代ではなくなっているからだ。グローバル化と国際分業体制の進展にともない産業構造や雇用形態そのものが変化しているなかで、階層化をともないながらも女性の社会への進出も高まっている。

比嘉によれば、逸脱文化の代表であった暴走族に代わって、一九九二年頃からチーマーやコギャルが登場するようになる。ポケベルや携帯電話といった新しい通信メディアを携え、かつポップな文化の担い手としても登場したギャルたちに、かつてのレディースのように自分の言葉で語りエンパワメントへとつなげていくような文化が脈々と受け継がれていたことを、次のように述べている。「でもさ、ヤンキーもコギャルも根っこは似てるんだよ。渋谷センター街でチーマーのトップみたいな女の子を取材したとき、言ってることがレディースの総長と変わらなかったんだよね」。また、ギャル雑誌『egg』の編集長には、「『ティーンズロード』があったから『egg』があるんです」と言われたことがあるという（ヤンキーメイト制作委員会編 2020）。

ギャル男の当事者でもある社会学者の荒井悠介によれば、チーマーやコギャルの活動の舞台であった渋谷においてその後展開していったギャル・ギャル男の文化は、一九九〇年代中頃から二〇〇〇年代後半頃まで花開いていた。ただし、二〇〇〇年代後半から発達してきたＳＮＳやギャル文化が郊外や地方へと広がるなかで、二〇一二年頃にはギャル・ギャル男活動の中心を担ってきた「サー人」と呼ばれたイベントの企画やサークル活動に勤しむ若者たちの縄張りは消滅したという。年齢層も上下に広がり、より一般の人たちに受け入れられやすいものへと変質していった（荒井 2009）。このようにギャル・ギャル男たちの抵抗文化が商業文化に取り込まれてよりポピュラーなものとして商品化されていくなかで、「同じ場所に集まることでしか得られない、悪徳性を含む楽しみを求め、そこから威信と将来に結びつく資本を獲得するという Gathering 文化」が放っていた魅力は色褪せていく。荒井はこのような文化的変容を Gathering から Sharing への移行として分析している（荒井 2021）。

その後、渋谷のギャル・ギャル男たちがストリートで生み出した抵抗文化のバトンは、女性モデルやミュージシャンといったクリエイティブ産業を担う女性リーダーたちへと受け継がれていくことになる。関根麻里恵によれば、二〇一八年後半から二〇一九年にかけて「ギャル（文化）」の再燃を象徴するような文化シーンが生まれた。具体的には、一九九〇年代にギャル文化を経験した女性たちのノスタルジアが、彼女たちの子どもや次世代へと受け継がれることによって、かつてのファッションや文化のリバイバルを生んだ。このような文化シーンのなかでも興味深いのは、一九八九年以降に生まれた「ギャル（文化）後追い世代」である水原希子、ｍｉｙａｋｏ、田島ハルコといった女性クリエイターたちの存在である。彼女たちの表現は、多様性（diversity）のなかに「エンパワメント」や「正義」の感覚を盛りこんでいる。田島によれば、彼女と同時代である一九九〇年代〜二〇〇〇年代のギャル的なマインドは、素朴なヤンキー的な正義感と地続きであったとみなされていた。ところが現在では、それが人種やジェンダーなどの社会問題への関心をともなったポリティカル・コレクトネス的な正義感と結びついていて、この点が魅力的であると述べている。関根によれば、ネガティブなイメージが付与されていた「ギャル

（文化）」を「正義」という言葉と結びつけて語るような言説は、二〇〇〇年代後半から二〇一〇年代にかけて散見されるようになった（関根 2020）。

荒井のギャル・ギャル男の通時的分析とシンクロするような関根の考察からうかがえるのは、その社会的背景にある雑誌からSNSへというギャル文化を担うメディア技術の変遷とともに、かつてネガティブなイメージが付与されていた貧困・ジェンダー・エスニシティといった女性の抵抗文化を生み出してきた社会的条件が、多様性を生み出す資源として肯定的に受け入れられているという社会的価値観の変化である。ただし関根も指摘するように、このような「ギャル」による社会の主流派に対抗する力が社会に収奪され、商業主義やマジョリティの文化を彩るだけの多様性に留まるのであれば、女性やマイノリティの抵抗文化の根源にある正義感は再びメインカルチャーを支える周縁へと位置づけられることになるだろう（岩渕編 2021）。その意味において、ギャル文化を引き継ぐギャルクリエイターたちが、男／女、メインカルチャー／サブカルチャーといった抵抗文化のフロンティアに引き直される境界線において、いかなる表現や言葉を生み出すための「折衝」を実践しているのかを詳細に見ていく必要があるだろう。

4　ポピュラーフェミニズムの循環と交差性
——ポップへの愛憎を「誠実」に問い返す

ギャルクリエイターたちによる抵抗文化のフロンティアにおける「折衝」は、ある種の「両義性」を帯びることになる。田中東子によれば、一九九〇年代末に展開したフェミニズム第三波は、アカデミックな領域よりも、メディアやポピュラー文化の領域へ着実に波及してきた。女性がメディアやポピュラー文化を生み出すクリエイティブ産業へと社会進出するにつれて、彼女たちの視点からこれまで存在しなかったアイディアや商品・サービスが生み出されていった。そしてまた、フェミニズム的な観点から生み出された文化は、商業主義やマジョリティへと取り込まれていくことでポピュラリティを得るという循環のなかで生成している（田中 2020）。すなわち、女性の人権のために社会運動やアカデミズムで培われてきたフェミニズムと、ポピュラー文化の領域において表現されてきたフェミニズムは、分かち難く結びつき発展してきたといえる。そのようなポピュラーフェミニズムの両義性に白黒つけて溜飲を下げるのでもなく、もしくは商業主義やメインストリームの文化へと組み込まれていくことを手放しで歓迎するのでもなく、まさにこの両義性の只中で、ポピュラーフェミニズムを味方につけているクリエイターたちがいかに文化的折衝を展開しているのかに目を向けてみたい。

具体的に田島ハルコの文化的実践に着目してみよう。田島は新潟で育ち、いじめが原因で不登校になった。家庭にも学校にも居場所を見つけることができないなかで、「石だけが友だち」だった。身近に存在しているポップな小説や音楽を手がかりとして自己の表現を少しずつ練りあげていった（田島 2021）。身近にあるポップなものに自己を投影し、そこから自分の存在を否定する地方都市の日常との差異化を試みるような、両義性を含んだ日々の文化的実践が想起されるだろう。過去を振り返りながら田島が語るのは、「〝資本主義的な明るい邪悪さ〟＝ポップを拒否しながら、いかにポップになるのか」というオルタナティブな表現方法である。「キャッチーさやポップさへの愛憎」をいかに作品や表現に盛りこんでいけるのか。そのような田島が導き手とするのは、「正義」や「エンパワメント」に連なる

「ブスって言われた時のためのラップ」

新自由主義批判やフェミニズムが生み出した文化である（田島 2021）。

田島がポップなものへの愛憎をフェミニスト的な観点から取り入れていくなかで出会ったのが、ラップ音楽だった。ラップの表現を取り入れ、ニューウェーブギャルとして表現を発信していくことになる（田島 2021）。たとえばYouTubeで配信されている「ブスって言われた時のためのラップ」では、フェミニストであることを引き受けつつ、男性目線の評価を押し付けられたルッキズムの批判と対処法を表現している。かつてのレディースにも通じるヤンキー的な身振りや語りといった身体技法を継承しつつ、ワークライフバランスやフェミニズムといった社会問題が語られ、分析されていく。この作品はそもそも、彼女の作品が配信されているYouTubeのコメント欄で「クソブスだよね」といったコメントに対する応答（アンサー）として編みあげられたものである。Twitterでまずそのようなミソジニーに満ちたコメントに切り返し、それに続いての動画によるラップ配信である。「論破」するのは「簡単」だけれど（「ブスって言われた時のためのラップ」）、そのような現状を変えていくために、性別・容姿・人種・国籍の問題の交差性と結びつけて作品にしていくことによってオルタナティブなメッセージを発信することが試みられている（河合編 2016）。

このような彼女の表現文化は、コロナ禍で結成された**フィーメル・ラッパー**（女性ラッパー）のユニットであるZoomgalsの活動にも見られる。アフリカ系ルーツのなみちえなど、黒人に対する暴力や構造的差別に対して抗議する#BLM運動に呼応した表現活動は、ナショナルな枠組みを越境して、グローバルな人の移動や文化によって生成している抵抗文化とも連動している（なみちえ 2020）。

ここでは深く追わないけれど、これらのポストフェミニズム的状況における新たな文化的潮流は、韓流とフェミニズムといったようなメディア文化シーンとも接続している（斎藤 2019）。もう一方で、このようなかつての抵抗文化と新自由主義批判やフェミニズムを結びつけるような文化的潮流には、レディースやそれ以前から引き継がれてきた女性の抵抗文化をめぐる表現と共通したエッセンスを感じるものの、両者の間に距離感があることは否めない。

また、同時代的に考えてみても、ギャル的なものを生み出す文化的土壌は多様であるし、文化として実った作品が吸収している名前のない一人ひとりの存在やエネルギーを感じ取ることが、ポピュラーなフェミニズムを社会へとしっかり定着させていくためには欠かせない要素だ。田島は、自分自身は「本物のギャル」ではなく「間借り」しているという。とはいえ「私は本物のギャルではありません！」と宣言するのでもなく、ギャルに対して「誠実」であることを大切にしている（田島 2021）。そのような態度はまた、ギャル的なものに共感する自分と、それと解離してしまう力学のなかにいる自分をつなぎ止めて、サブカルチャーを表現する回路を維持しようという「折衝」の実践であるともいえる。ギャルやフェミニストとして「推されてバズる」ことによりメインカルチャーに取り込まれては、ギャルやフェミニズムから受け継いだバトンを「他者」へとつなぐことを途絶えさせてしまう。

5　サブカルチャーとエンパワメントの循環
――かつての「不良少女《レディース総長》」の現在地

これまで見てきたように、ヤンキー・ギャル・ニューウェーブギャルによって継承されてきた女性のサブカルチャーは、それらを取り込んでいくメインカルチャーや男性中心主義的なサブカルチャーとの「折衝」を通じて展開してきた。ギャル文化がフェミニズムや反レイシズム的な文化や言葉と結びついて展開している一方で、かつて『ティーンズロード』のカバーを飾ったレディースたちはどこへ行ったのだろうか。ニューウェーブギャルと同じように、かつて彼女たちは路上で「自分の言葉」で思いを語り、自らの置かれた境遇を文化へと昇華していった。編集長の比嘉がそのなかでも「頭一個抜けてる感じ」と語った中村すえこのその後の人生を振り返りつつ、ギャルとニューウェーブギャルを橋渡しするようなサブカルチャーの循環を模索していこう。

中村は埼玉県東松山の六人家族で育った。タバコ、万引き、窃盗、無免許運転、シンナーを覚えて、一五歳の頃にはレディースの総長になっていた。女子少年院に送致され、その後には孤独から覚醒剤に手を出して、再び逮捕された（中村 2020）。その後、結婚と離婚、再婚を経て夫の連れ子を含め、二男二女の母親となった。三〇歳のときに編集長の比嘉と再会し、勧められて三年かけて執筆した『紫の青春――恋と喧嘩と特攻服』は映画化もされて再び社会に出るきっかけとなった（ヤンキーメイト制作委員会 2020）。かつてストリートにおいてレディースの仲間たちを惹きつけた彼女の語りやパフォーマンスといった技芸は、今やブログやInstagramというコンピュータ技術に支えられたメディアを通じて、世界中どこにいてもアクセスすることのできる文章として発信されている。仕事と子育て、ＮＰＯ活動、執筆、映画撮影、勉学に勤しむ彼女は「人は変われる」し、そのことを通じて「社会を変えたい」と強く願っている。

二度目の離婚を経て、四〇歳から大学に入学して働きながら子育てをした彼女は、自分自身の現状を次のように分析している。「いまの自分がやっていることは、順番が違うだけで、一般女性が経験するだろう勉強、進学、就職、結婚、子育てをたまたま同時期にやっているだけ」（中村 2020）。ここに主張されているメッセージから読み取れるのは、あらかじめ社会における平等な競争から排除されている「排除型社会」の時代において（Young 1999=2007）、遅れてでも良いから社会へと参加することの重要性である。遅れてでも始めることは、「排除型」の社会設計に異を唱え、別の社会のあり方を構想するような流れを生み出すかもしれない。彼女たちが自分自身の現実の複雑さをそっくりそのまま語ることのできるメディア環境が整った現在、その言葉は再度、現実の場面やインターネット空間を介して、「誠実」であることを追求するニューウェーブギャルやポストフェミニズム的な状況で言葉を見つけあぐねている人々と再接続し始めている。

つねにポピュラーな文化というものは、差異を求めて遅れたものを含めた社会の周縁に目を向けている。ポピュラーな装いのフェミニズムをラディカルなフェミニズムの資源として循環させるとするならば、そのような「遅れてきた」仲間が営むサブカルチャーのフロンティアをいち早く見つけることができるかが鍵になるだろう。

（川端浩平）

第10章の基本文献

小笠原博毅　二〇一九『真実を語れ、そのまったき複雑性において――スチュアート・ホールの思考』

新泉社。
田中東子編　二〇二一『ガールズ・メディア・スタディーズ』北樹出版。
田中東子・山本敦久・安藤丈将編　二〇一七『出来事から学ぶカルチュラル・スタディーズ』ナカニシヤ出版。
上野俊哉・毛利嘉孝　二〇〇〇『カルチュラル・スタディーズ入門』ちくま新書。

11 ファンカルチャー論
——韓流ブームにみる女性たちのエンパワメント

＊本章のキーワード＊
トランスナショナルな交流　エンパワメント　抵抗の快楽　女らしさの規範

1 ジェンダーの視点からみるファンカルチャー

みなさんはファン活動をしたことがあるだろうか。ファン研究の第一人者であるジョン・フィスクによれば、ファンカルチャーとは、過剰な消費者であり視聴者であるファンたちが「文化産業の商業製品（テキスト、スター、パフォーマンス）」をもとにして営利を目的とせずに楽しみのために行う一連の活動から構築されている（Fiske 1992）。具体的には、大衆的で商業的な映画やドラマ、音楽、マンガやアニメ、ゲーム等のメディア作品を利用して自分たちにとって重要な意味や解釈、物語、作品等を作り出し共有することである。ファンが一般的な消費者と異なる点は、特定のファン集団に対して忠誠心を持ち、個々の活動でも必ず他のファンたちの存在が意識されていることである。そのことから、ファンは孤立した個人ではなく、具体的な集団に根ざした行動様式や規範、独自の価値体系をもつ分析可能な対象として研究されてきた。

近年では、ファンたちの国境を超えたネットワーキングや活発な消費活動による国や地域の魅力の向上や伝搬といった、ファンの過剰な関心や消費活動を肯定的にとらえる研究が多く見られる。しかし、初期の大衆文化研究やマスメディア批評では、ファンたちは、文化産業やマスメディアによってただ踊らされているだけの無力で哀れな救済対象として論じられていた。カレン・ロスらによれば、女性ファンたちの活動は、権威のある男性の知識人によって外部から「社会的な孤立に由来するヒステリーや若気の至り、群衆行動への感染」（Ross & Nightingale 2003=2007）と論じられていた。女性たちのファン行動は、男性のファン行動よりも社会的価値のない矯正すべき逸脱行動あるいは病理現象とみなされていたのである。

こうしたネガティブな視点が近年のポジティブな視点に変わっていった大きな要因としては、メディア環境の変化とフェミニズムやジェンダー研究からの影響の二点が挙げられるだろう。

まず、メディア環境の多様化と双方向化が挙げられる。衛星放送網やケーブルテレビ網の整備とそのグローバル化や、インターネットに接続したパソコンやスマートフォンから利用できるソーシャルメディアや参加型メディア作品は、受け手の選択肢とできることを劇的に増加させ、受け手の影響力を強化した。特に大衆的なメディア作品に対する興味と消費によってつながり、営利を目的とせずに組織的な情報の共有や発信、消費や投資、多様な生産活動を行うファンたちの影響力が強くなったと考えられる。

二点目としては、自身も何らかの大衆的なメディア作品のファンである当事者的な視点を持った女性研究者の増加が挙げられる。メディア研究者のタラ・ブラバゾンによれば、ファン研究が勃興した一九九〇年代は、フェミニズムの第二波後で、伝統的なジェンダー役割の見直しや代替的な男性性が模索される時期であったため、全体的に女性研究者が増加し女性の発言権があがった（Brabazon 2012）。当事者性の高い研究では、大衆的なメディア作品を消費者として支えてきた女性たちの活動を肯定的に取り上げ、大衆文化論やマスメディア批評では否定され見過ごされてきた女性特有の感性や考え方を明らかにし再評価してきた。その結果、従来の男性中心的な視点による文化やメディアに関する研究のあり方を根本から問い直すような視点を生み出し、新たなメディア・テクノロジーの普及や発展方向にも影響を与えてきた。

以上の点について本章では、「韓流ブーム」を手がかりに具体的に考察していきたい。くわしくは次節以降でみていくが、韓国ドラマやK-POPなどの韓国発の大衆的なメディア作品は、女性たちの熱狂する姿が社会的に注目されることによって、多様な国や地域に拡がってきた側面をもつ。岩渕功一は、一九九〇年代以降から東アジア諸国で起こったメディア作品を介した「トランスナショナルな交流」の担い手としてのファンカルチャーに注目している（岩渕 2011）。岩渕によると、「これまで生産様式から排除されてきた視聴者やファンという存在」に文化の主体として着目することは、「安易な経済決定論や技術決定論に陥らずに文化の生成のちからを確認する重要な契機」となる（岩渕 2011）。特に二〇〇〇年代以降の越境的な交流では、韓国発のメディア作品の女性ファンたちが大きな役割を担ってきたといえるだろう。

韓流ブームでは、最先端のメディア・テクノロジーを利用してトランスナショナルなファンカルチャーを楽しむ女性たちの姿がマスメディアで紹介されてきた。そのことは、ブームを支える女性たちにとって、自分自身や自国の文化、メディア環境を客観的にみる機会となり、ジェンダーに関する問題について考えるきっかけともなった側面もみられる。これらの点から、韓流ブームについて考えることによって、メディアとジェンダーの問題を具体的に論じるための視点が得られるのではないだろうかと考えている。そのため第2節・第3節では、韓流ブームごとのメディアとジェンダーに関する議論について、関連する具体的な事例を取り上げて時系列的な推移を振り返りたい。第4節では第2節・第3節で取り上げた事例について代表的なファン研究の視点を参照しつつ俯瞰的に考察していきたい。

2 「冬ソナ」のロケ地めぐりからコピーダンスブームへ
——第一次・第二次韓流ブーム

ここでは、韓流ブームごとのジェンダーに関連した議論がどのように変わってきたのかという点について、ファンカルチャーとメディア・テクノロジーとの相互作用も踏まえて時系列的に考察していく。まずは、「韓流」という言葉の由来について確認したい。金美林によれば、一般的には一九九九年頃に中国の若者たちが韓国の大衆文化や芸能人に熱狂する姿が強烈だったため、「急な寒波」を指す「寒流」を借用した言葉を語源として生まれた（金 2013）。ブームの中核となる具体的なメディア作品は、国や地域、時代によって異なっている。

二〇二〇年の「『現代用語の基礎知識』選ユーキャン新語・流行語大賞」第三七回に、「愛の不時着／

表 11-1　韓流ブームの時期区分

時　期	特　徴	メディア・テクノロジーとファンカルチャー
第一次 2003 ～ 2004 年頃	『冬のソナタ』ブーム	韓国ドラマの放送枠の増加 主演俳優の空港でのお迎え・ロケ地めぐり
第二次 2010 ～ 2012 年頃	K-POP ブーム	ソーシャルメディアでの動画拡散 コピーダンスブーム
第三次 2016 ～ 2018 年頃	韓国の食品・化粧品、K 文学の流行 K-POPグループのグローバル化	SNS 映え フェミニズムへの共感
第四次 2020 年～	Netflix の韓国ドラマ、日韓協働アイドル・オーディション番組の流行	動画配信サービスの登録者の増加 ファン・アクティビズムの活性化

第四次韓流ブーム」がノミネートされ、日本における韓流ブームの回数が話題になった。韓流ブームの回数や中核的なメディア作品、具体的な時期区分については諸説あるが、これまで筆者が長年にわたって実施してきた韓国のメディア作品のファンカルチャーに関するフィールドワークの成果や複数のオンライン記事を参考に、時期ごとのファンカルチャーとメディア・テクノロジーの特徴とともに表11-1にまとめた。以下では、この時期区分に即して具体的にみていきたい。

日本の韓流ブームは、韓国KBSで二〇〇二年に放送されたテレビドラマ『冬のソナタ』が二〇〇三年にNHKBS2で放送され、翌年には総合テレビで放送されたことから始まったという説が一般的である。「NHKアーカイブス」の「韓国ドラマ『冬のソナタ』ブーム」という回に、当時の映像が残っている。そこでは、大勢の中高年の女性たちが空港で主演俳優を嬌声とともに出迎え、ドラマのロケ地につめかけている状況を報じている。こうしたマスメディアの報道姿勢について、当事者的な視点の研究者らは「女性が熱中する現象」に対する否定的な姿勢や、「女性の視野が広がり、行動力が出てくること」に対して男性たちが感じる脅威があると指摘している（城西国際大学ジェンダー・女性学研究所 2006）。また、毛利嘉孝は『冬ソナ』ファン」の女性たちの、「メディアに踊らされている」のではなく、自分たちが「メディアを踊らしている」感覚や、韓流ブームの能動的な担い手となることによる韓国の言語や文化、歴史を学ぶといった新しく知的で創造的な体験を得ていることを指摘している（毛利 2004）。韓流ファンの女性たちは、隣国のテレビドラマ作品を異文化の学習や旅行などもして積極的に楽しむとともに、メディアから注目を集め影響を与えること、男性たちに脅威を与えることも楽しんでいることがわかるだろう。

二〇〇二年の「K-POPにハマった　韓国アイドルを追う女たち」という記事では、週末ごとに日本から韓国のイベントに通う二〇代前半の働く女性たちが紹介されている（AERA 2002）。ここに出てくるK-POPは韓国のポピュラー音楽を総称する言葉として使われている。言葉の由来は諸説あるが、中国やアジア諸国で先行して普及していた日本のポピュラー音楽を指すJ-POPに対応する言葉として、一九九八年頃に韓国以外の国で使用されるようになり一般化した（古家 2007; シン 2010; 喜多 2020）。先にみたように二〇〇〇年前後からアイドル目当てに渡韓する若い女性たちもおり、韓国での歌手活動で成功した後に日本でデビューして活躍する歌手も増えていた。代表的な存在に日本デビューが二〇〇一年のBoA、二〇〇五年の東方神起、二〇〇九年のBIGBANGなどがある。しかし、K-POPが一般的に認知されるようになったのは、すでに人気と知名度が高かったガールズ・グループの少女時代や

ＫＡＲＡなどが二〇一〇年に日本デビューしてからである。この時期が、Ｋ-ＰＯＰブームと呼ばれる、第二次韓流ブームにあたる。日本のテレビ番組や雑誌では、デビュー公演に集まってコピーダンスを踊る若い女性ファンたちの姿を頻繁に取り上げていた。竹中夏海は、コンサート会場にいる若い女性たちが、少女時代のメンバーと「会う」ために必死に化粧を直す姿に強い親近感を見出している（竹中 2015）。

Ｋ-ＰＯＰのミュージックビデオやダンス動画は、動画配信サイトで無料公開されており、アイドル自身もソーシャルメディアの公式アカウントを運営して世界中のファンたちとコミュニケーションをとっている。韓国では、無料イベントなどでファン自身が撮影したアイドルの写真を登録者と共有して楽しむ習慣があり、それらのサイトが中核となって国際的なファンのネットワーキングが活発に行われている。日本のマスメディアを介さずともアイドル本人や海外に住むファンたちから情報を得ることができ、場合によっては直接的なコミュニケーションをとることもできる。Ｋ-ＰＯＰの日本での人気は、ソーシャルメディアの普及によるところが大きいと考えられる。

3　インスタ映え、Ｋ文学、ファン・アクティビズム
——第三次・第四次韓流ブーム

第三次韓流ブームが起きていた二〇一七年は、日本では「インスタ映え」が新語・流行語大賞をとった年でもある。Instagram では、「映《ば》え」の素材として、韓国の食品とかわいいガールズ・グループの振り付けが注目された。特に、日本出身のメンバーが複数在籍する「グローバル・ガールズ・グループ」であるＴＷＩＣＥの「ＴＴポーズ」を真似してＳＮＳに投稿することが女子学生を中心に流行した。Ｔ

WICEは、日本の女子学生たちが自分たちの魅力をSNSで表現するうえでの格好の「映え」アイテムとして活用されることによって知名度を上げていったと考えられる。

二〇一七年はBTS（防弾少年団）がビルボード・ミュージック・アワードのトップ・ソーシャル・アーティスト賞を受賞してレッド・カーペットに初登場した年である。二〇一八年の二度目の受賞とステージ・パフォーマンス披露について、韓国の新聞は「#MeToo」運動の余波でフェミニズムやマイノリティ支援が盛り上がるアメリカのポピュラー音楽業界のムードが背景にあると分析している（서（ソ）2018）。この年の受賞者の多くが女性であり、男性中心主義が定着していた音楽業界で、女性音楽家がイニシアチブをとって連帯していく雰囲気が見られたことが指摘されている。また、さまざまな肌の色をしたBTSの少女ファンたちが、叫び、歌う姿が大きく映し出されていたことから、BTSが、これまでポピュラー音楽市場を支えてきた少女ファンたちの人種や国籍を超えた熱狂の象徴としてアメリカのポピュラー音楽業界に登場したことがわかるだろう。

この頃は、韓国でも若い女性たちを中心にフェミニズムが社会運動化しており、K-POPのファンカルチャーも大きな影響を受けていた。二〇一八年には、ガールズ・グループのメンバーの愛読書をめぐってソーシャルメディアで炎上騒動が起きた。当時の記事によれば、具体的にはRed Velvetのメンバーが、ファン・ミーティングでファンから聞かれた愛読書に関する質問に、フェミニズム小説として話題になっていた『82年生まれ、キム・ジヨン』と答えたことに端を発する（CINRA.NET編集部 2018）。当ムに関心を持つことがアイドルとしてふさわしいかといったことについても議論された。当時の韓国では、フェミニズムが社会運動として盛り上がっており、アイドルの発言や歌詞をフェミニズムの視点から検証することによる騒動が頻繁に起こっていた。ファンたちもアイドルを守るための活動などを介して大きく関与する一方で、芸能事務所もフェミニズムの専門家を招いたジェンダー関連の教育を行い、被害を最小限に抑えようとしていた。

日本のファンからも関心が高まるなかで、『82年生まれ、キム・ジヨン』は日本でも翻訳されてベストセラーになり、韓流スターをメインキャストに登用した映画もヒットして「K文学」や「韓国フェミニズム」への注目が高まった。倉本さおりは、女性誌の特集のリード文にある「従来、フェミニズムには距離を保ってきた日本女性が、なぜ本書には共感を寄せるのか?」に注目し、「韓国で、このようにはっきりと「声をあげる」作品が続々と生まれている」という「事実」が、「日本の読者が自分たちの現状を客観視するきっかけ」になったことを指摘している(倉本 2019)。「K文学」の読者層と韓国ドラマやK-POPのファン層が一致するとは限らないが、K-POPアイドルや韓流スターに関する海外発のトランスナショナルな最新流行としてイメージされることによって、ファンたちがフェミニズムを自分の問題として考え取り組むためのきっかけとなったと考えられよう。

第四次韓流ブームは、突然のコロナ禍によって外出自粛やオンライン勤務が続く期間が長期化する時期の二〇二〇年に、動画配信サービスで視聴できるメディア作品を中心に起こった。主なものはアメリカ発の動画配信サービスNetflixで配信された韓国ドラマと、日韓協働によって制作された韓国式のオーディション番組の日本版である。これらの作品が話題になることによって、日本ではなかなか普及しなかった課金制の動画配信サービスが一気に普及した。韓国ドラマ『梨泰院クラス』では、トランスジェンダーや人種差別、個人の特性への配慮といった生の多様性に関わるさまざまな社会問題が組み込まれていた。韓国式のオーディション番組では、日本でも視聴者投票やファンによる街頭広告の出稿等の韓国式の応援活動を楽しめるようになった。二〇二〇年は、K-POPファンのムーブメントとして人種差別反対等の社会運動と関連した動きが盛り上がり、「ファン・アクティビズム」（辰巳 2020）として議論され、日本のファンたちの積極的な関わりもみられた。

以上から、韓流ブームを経るごとに、ファンたちはメディア作品の視聴や消費とともに、トランスナショナルな活動や情報交換、交流を行ってきたことがわかるだろう。そしてそれらが社会的に注目されることによって男性社会に脅威を与える存在として認識されることや、新しいメディア技術の普及や新奇な流行を生み出す社会的影響力を持つことを、ファンたちは楽しんできた。時代が進むにつれて、ジェンダーやフェミニズムの問題がファンカルチャーの主要な関心ともなり、それらと関連の強いメディア作品が文化産業やマスメディアによって送り出されるようになっていった傾向も読み取れるだろう。

4　女性ファンのエンパワメントと抵抗

ここでは、前節でみた韓流ブームごとのファンカルチャーの特徴について、欧米のファン研究で重要視されてきたエンパワメントや抵抗性といった議論を参照して俯瞰的に考察してみたい。

ローレンス・グロスバーグによれば、ファンカルチャーによる「**エンパワメント**（empowerment）」とは、それらに関わることによって「自分の感情生活をある程度コントロールできる」ようになり「意味、喜び、アイデンティティの新たな形態に投資する戦略」が立てられるようになることである（Grossberg

1992）。具体例として女性ファンたちは「好きな音楽を聞いて踊ることや曲を聞いて励まされること」によって「自分の人生を変えるための投資や闘いに必要な条件である楽観主義、活性化、情熱」を手に入れることである（Grossberg 1992）。前節でみたように、韓流ブームの担い手であり最先端のメディア・テクノロジーを利用した自己表現や社会的な影響力をふるう主体としての自己認識は、自分への投資や闘いへの楽観主義を手に入れている状況であると考えられる。それらは、韓国発のメディア作品のトランスナショナルなファンカルチャーによる「エンパワメント」とみなすことができるだろう。

女性たちのファンカルチャーにおける「抵抗性」は、「女らしさ」の規範を焦点として議論されてきた。バーバラ・エーレンライクらは、従来の研究では欲求不満や集団ヒステリーによる病理現象とみなされてきた、男性スターに向けられる女性たちの悲鳴や叫びについて、女性ファンたちを縛る「女らしさ」の規範から解放されたいという切望の表れとして再評価している（Ehrenreich et al. 1992）。前節でみた韓国のメディア作品のファンカルチャーでも、韓流スターに向けて空港で叫ぶ姿やガールズ・グループを真似した動画や写真をソーシャルメディアにあげて注目を得ることなどは、「女らしさ」に抵抗する行為としても読み解くことが可能であろう。

冒頭のファンカルチャーに関する定義を引いたフィスクの研究でも、少女たちがセクシーな有名女性歌手に憧れて化粧やファッション、パフォーマンスを真似することが、「抵抗性」の視点から考察されている（Fiske 1989=1998）。フィスクによれば、少女たちはそれらの活動を「対人関係や社会的アイデンティティを思い通りに形成し、管理するための手段」として行っており、「自己・セクシュアリティ・対人関係の決定権が自分にあることの悦び」といった「主体性の感覚」から「**抵抗の快楽**」を得ている

(Fiske 1989=1998)。

前節では、第三次韓流ブームの初期の事例として、日本の女子学生がK-POPガールズ・グループのかわいい振り付けを真似ることによってソーシャルメディア上で注目を集める戦略に言及した。一方でK-POPでは「ガールクラッシュ(girl crush)」と呼ばれる、既存の女性らしさを打ち壊し怒りや不満を攻撃的なラップや力強いダンスで表現するパフォーマンスも人気である。ファンは、ガールズ・グループのもつ大人の男性たちから警戒されない可愛らしさと、大人社会への怒りや不満を爆発させる攻撃性の使い分けからも、自分らしさの表現や「主体性の感覚」を得ているのではないだろうか。

ブラバゾンによれば、女性歌手のパフォーマンスでは日常的な領域では許されない実験的なジェンダー規範やセクシュアリティの表現が商業的に行われており、大衆化されたフェミニズムの理想が表現される稀有な機会となっている(Brabazon 2012)。具体的な例では、旧来的なジェンダーやセクシュアリティに疑問を投げかけることをテーマとしてパフォーマンスを行うレディ・ガガなどが挙げられるだろう。日本の女子学生たちが日本で「グローバル・グループ」として紹介されるアイドルのパフォーマンスを真似してソーシャルメディア上にあげることには、日本の日常生活では許されない実験的なジェンダー規範やセクシュアリティを学び身につけている側面もあるだろうと考えられる。

第三次韓流ブームの終盤には、ガールズ・グループのメンバーの愛読書に関するソーシャルメディアでの炎上から、ファンの間でも**女らしさの規範**やフェミニズムに関する注目が高まった。背景にはK-POPの欧米への浸透によって、フェミニズム運動が盛り上がる欧米や韓国のファンカルチャーとの相互浸透も大きく進んだことも指摘した。ファンカルチャー研究を初期から牽引してきたヘンリー・ジェンキンズは、「フェミニズム系の研究者」が着目してきた女性の集団における「ゴシップ」の再評価に着目している（Jenkins 2006=2021）。そこでは「価値観の違いを通じた議論は、異なる社会集団がそれぞれの世界観を知るためのメカニズム」となり、特に「仮想のコミュニティ」で重要な働きをすることを指摘する（Jenkins 2006=2021）。先にも触れたように、第三次韓流ブーム期は、K-POPアイドルとファンカルチャーのグローバル化が進んだ時期であるとともに、欧米のポピュラー音楽業界や韓国の若い女性たちの間でフェミニズムに関する議論がさかんに行われていた時期であった。前節で挙げた、ガールズ・グループのメンバーの女らしさに関する議論や、フェミニズムとの距離感に関する多様な国や地域のファンたちによるソーシャルメディア上の議論を通して、ファンたちは自分自身の女らしさやフェミニズムに関する意識や態度を考え振り返っていたのではないだろうか。

韓流ブームが回を重ねるごとに、女性たちの自己表現や主張が活発になってきたことや、第三次韓流ブーム終盤の日本の女性たちの「K文学」や「韓国フェミニズム文学」への共感といった事象からは、韓国のメディア作品を介したトランスナショナルな文化交流による度重なるエンパワメントの結果、日本の女性ファンたちのジェンダーやフェミニズムの問題への当事者的な関心が強まっていったとも考えられる。

林香里によれば、韓国のメディア作品の愛好者のなかには、「日韓関係を左右する可能性のあるアクター」（林 2005）として多様な社会活動に取り組む場合もある。本章では触れなかったが、こうした活動の実際的な影響力についても考えていく必要があるだろう。これらの課題も含めて、ファンカルチャーの研究を介して一国内だけの視点では見えにくいジェンダーやフェミニズム、社会の多様性等に関わる活発な多様な議論が今後も引き続き行われていくことに期待したい。

（吉光正絵）

付記：本研究は、ＪＳＰＳ科研費（20K12405）による助成を受けた研究成果の一部である。

第11章の基本文献

フィスク、Ｊ　一九九八『抵抗の快楽――ポピュラーカルチャーの記号論』山本雄二訳、世界思想社。
岩渕功一編　二〇一一『対話としてのテレビ文化――日・韓・中を架橋する』ミネルヴァ書房。
ジェンキンズ、Ｈ　二〇二一『コンヴァージェンス・カルチャー――ファンとメディアがつくる参加型文化』渡部宏樹・北村紗衣・阿部康人訳、晶文社。

12 セクシュアリティとメディア
――表象と性をめぐる規範

＊本章のキーワード＊
セックス　ジェンダー・アイデンティティ　ジェンダー・ロール　性的指向　ジェンダー
規範　ポルノグラフィ　フェミニズム　男性の凝視　性的客体化　異性愛規範　ＢＬ

1　セクシュアリティとは

セクシュアリティという言葉を目にしたことがある人は多いだろう。セクシュアリティとは形容詞sexualの名詞形であり、「性的なこと」を意味する。「性的なこと」の内容は多岐にわたるが、この言葉には、ある種のレッテルが張り付いている。それは、いやらしいとか、エロとか、恥ずかしいとか、プライベートなことなので人前で口にするのはよくない、といった類のものだ。人によっては、悪いこと、いけないこと、と考える場合もあるだろう。こうしたレッテルが張られることによって生じる問題を考える前に、セクシュアリティの定義を、性の分野の国際研究者組織である、性の健康世界学会（WAS,

World Association for Sexual Health）による「性の権利宣言」からみておこう。「性の権利宣言」に書かれたセクシュアリティの定義は以下のようなものである。

セクシュアリティ（性）は、生涯を通じて人間であることの中心的側面をなし、セックス（生物学的性）、ジェンダー・アイデンティティ（性自認）とジェンダー・ロール（性役割）、性的指向、エロティシズム、喜び、親密さ、生殖がそこに含まれる。セクシュアリティは、思考、幻想、欲望、信念、態度、価値観、行動、実践、役割、および人間関係を通じて経験され、表現されるものである。セクシュアリティはこうした次元のすべてを含みうるが、必ずしもすべてが経験・表現されるわけではない。セクシュアリティは、生物学的、心理的、社会的、経済的、政治的、文化的、法的、歴史的、宗教的、およびスピリチュアルな要因の相互作用に影響される。（ＷＡＳ「性の権利宣言」邦訳版）

定義で列挙されているように、セクシュアリティの範囲は非常に広範で、さまざまな領域に及んでいる。セクシュアリティとは、性的な行動や実践だけでなく、思考などの想念、さらに、生物学的な性別としての**セックス**（生物学的性）、自己の性別認識である**ジェンダー・アイデンティティ**（性自認）、社会が女性あるいは男性に期待する**ジェンダー・ロール**（性役割）、どの性別に惹かれるかを意味する**性的指向**まで含んだ、「性の総体」としか言いようのないものなのである（風間 2018）。

ＷＡＳの定義でみたように、セクシュアリティに含まれるものの範囲が広く、多くの領域から影響を受けていることは、「性的なこと」が個人的なものにとどまらないことを意味している。ミシェル・

フーコー（Foucault 1976=1986）は、一七世紀以降の西洋社会に登場した犯罪学、優生学、人口学などによる「性の科学」と、己の性について語ることを課すキリスト教的な告白の制度によって、セクシュアリティの「言説への扇動」が発生したと論じた。セクシュアリティは個人的・私的なものであると同時に、さまざまな要因に影響される政治的・公的なものなのだ。また、生物学者のアン・ファウスト=スターリングは、セックスとジェンダーを考える際に重要なのは、「氏《うじ》と育ち（遺伝と環境）を分けて考えない」ことであると論じる。生きている身体は、社会的・歴史的文脈に対する反応として発達し、変化していくダイナミックなシステムである（Fausto-Sterling 2012=2018）。したがって、性欲や性衝動を「自然」や「本能」といった言葉でのみ説明し、「男の性欲は止めることができない」とするような本質主義的な言説は偏ったものといえる。

先に、セクシュアリティにはレッテルが張られていると述べたが、レッテルの多くは、性行為やエロティックな欲望と結びつけられている。「性的なこと」の一部分である性行為やエロティックな欲望だけを取り上げたレッテル張りやタブー視によって、セクシュアリティに関連する問題が、個人的な問題に過ぎないと見過ごされたり、軽く扱われたりすることが生じてしまう。セクシュアリティは政治的・公的なものでもあり、すべての人にとって、「生涯を通じて人間であることの中心的側面をなし」ているものだ。現代社会において、セクシュアリティの領域に関わる問題は社会問題であることも多く、個人的なものだという見過ごしは問題の解決を遠ざけてしまう。

個人と社会を結ぶメディアの領域においても、セクシュアリティへのレッテル張りやタブー視は重要な争点となってきた。本章ではこの争点を、女性のセクシュアリティに関することと、性的マイノリティに関することとに分けて述べる。これまで、前者はジェンダーの視点から、後者は性の多様性の視点から、主に論じられてきた。その後、この二つの論点を、セクシュアリティをめぐる表現のあり方と、規範（社会で「あるべき」とされる姿の押し付け）に注目して考えてみたい。

2　女性表象とセクシュアリティ

日本において、メディア・コンテンツにおける女性表象は、一九七〇年代後半に始まる女性学、その後のジェンダー研究によって、メディアに現れる性差別として分析と考察が積み重ねられてきた。その論点は、①固定的な性役割（女らしさや男らしさ）、②性別役割分担（「男は仕事、女は家庭」など）、③性的な対象としての女性描写の三点に整理できる（国広・斉藤 2012）。

この三つの論点は、現在でも、女性表象への批判や異議申し立てとして有効だと考えられる。性役割（ジェンダー・ロール）に沿った女性表象は、「女性は〇〇であるべき」というジェンダー規範や、一般的に社会に流布している旧来的な価値観をなぞることで、それらを強化する効果を持つからだ。ジュディス・バトラーは、「ジェンダーとは、身体をくりかえし様式化していくことであり、きわめて厳密な規制的枠組のなかでくりかえされる一連の行為であって、その行為は、長い年月のあいだに凝固して、実体とか自然な存在という見せかけを生み出していく」（Butler 1990=1999）と論じた。メディアは、何が「自然な」ものとみえるのか、何が重要な価値観なのかを、人々に伝える。テレビやＣＭといった身近なメディアから伝えられる情報の影響力は大きい。そのため、①固定的な性役割や、②性別役割分担を「自然な」ものと意味づける表象は、ジェンダー規範を再生産し、強化するものとして批判されるのである。

一方、③性的な対象としての女性描写に対する批判には、①固定的な性役割、②性別役割分担への批判とは異なる論点が含まれる。まず、「性的な対象としての女性描写」には、(1)法律で規制される「わいせつ」に関連する露骨な性描写である**ポルノグラフィ**と、(2)ポルノグラフィとは一般的に分類されない性的な表現がある。

(1)露骨な性描写であるポルノグラフィは「ポルノ」と称され、一九八〇年代のアンドレア・ドウォーキンやキャサリン・マッキノンによる批判がよく知られている。ドウォーキン（Dworkin 1979=1991, 1987=1989）は、ポルノにおいて女性はつねに従属的で、支配され侵害される立場であると指摘する。くわえて、「女性がレイプされることを望んでいる」といった表現が用いられ、それが女性のセクシュアリティの本質であるように描いていることや、性器を中心的に描くなど非人格的な〝モノ〟として女性が扱われていることから、ポルノは女性への性差別であると論じた。しかし、ドウォーキンらによるアンチ・ポルノ論はフェミニストによって再批判され、**フェミニズム**のなかで意見が対立することとなる。アンチ・アンチ・ポルノ論の立場からは、マッキノンとドウォーキンが求めた公権力によるポルノ規制によって「表現の自由」（→第1章）が侵犯されるという検閲反対論や、何をもってポルノとみなすかという境界判定問題、女性が楽しむポルノという視点や、ポルノ規制が身体に関する教育的な情報まで締め出す事態を引き起こしたことなどが論じられた（堀 2009）。

アンチ・ポルノの立場から、現在でもたびたび、ポルノに接することと性犯罪とのつながりが論じられる。メディア効果論のなかで、弾丸理論や強力効果論と呼ばれるものだが、ポルノと性犯罪の因果関係は明らかになっていない。とはいえ、アダルト・ビデオ（AV）を真似た性行為が行われているとか、現実の性行為の手本となっている、といった経験談がしばしば見られるのも事実である。このように、ポルノの効果についてはさまざまな議論が行われているが、ここでは、露骨な性描写であるポルノは「18禁」や「成人指定」といった区分で知られているように、メディア制作側によって年齢制限（レイティング）が行われており、子どもがそれを見ることのないようゾーニング（区分）されていることを確認しておきたい。「わいせつ」に関連する露骨な性描写は、公共の場にはあふれておらず、それを見たいと望む成人のための快楽としてあるメディアであり、業界による自主規制がとられているからだ。

(1)のゾーニングされているポルノグラフィと、(2)の性的な表現はメディアとしての特徴が異なる。(1)はゾーニングが甘い場合、問題となる。コンビニに置かれているポルノ雑誌が批判されたのは、その内容やポルノ自体が性差別だから根絶すべきだというものではなく、管理のしかたが甘いこと（子どもや見たくない人の目に入ってしまうような雑誌の配置）への異議申し立てであった。また、何気なくネットを見ているときに表示されるポルノ広告への批判も、見たくない人の目に入ることへの批判が主であり、ネット上からすべてポルノ情報を排除せよといった主張はされていない。

実際、SNSなどで「ネット炎上」している女性表象は、主に(2)ポルノグラフィとは一般的に分類されない性的な表現である。たとえば、広告の内容にそぐわない水着姿の女性モデルや、性的なイメージをともなう美少女イラストを使った広報・広告などが挙げられる。こうした表現への批判で重要なのが、その女性表象がどのような目的で使用されているかという文脈《コンテクスト》である。女性の水着姿を起用したすべての表現が批判されるわけではないし、美少女イラスト自体が批判されているわけではない。女性のセクシュアルなイメージが、宣伝したい商品、伝えたい内容と無関係に、目を引くために使用されていること（アイキャッチャー）について批判が行われているのである。

また、男性中心的なメディアの構造と女性表象に付与される性的なイメージのつながりも批判されてきた。ローラ・マルヴィは「視覚的快楽と物語映画」（Mulvey 1975=1998）で主流映画《ハリウッド》を分析して、映画における女性の身体を見世物化する視線である「**男性の凝視**（male gaze）」を論じた。娯楽映画をめぐる男性中心的イデオロギーに焦点を当て、「見る人＝男、見られる人＝女」という図式が映画の言語規則《コード》として、映画スタイルと物語構造に無意識的に組み込まれていると論じた（斉藤 1998）のである。

メディア・コンテンツで**性的客体化**（性的モノ化 sexual objectification）されるのは、圧倒的に女性身体が多い。ポルノ的な内容を主としない男性誌やマンガ雑誌、総合誌の表紙でも、女性の水着姿が起用されていることなどからも、見る／見られるの立場が男女に割り振られるという非対称性は温存されており（堀 2009）、「男性の凝視」は現在も重要な概念といえる。

ただし、マルヴィの論には多くの批判も向けられた。批判点はいくつかあるが、本章の関心から、オーディエンスの凝視のあり方は性別二元論や異性愛主義に限らない多様なものであること、男性身体の客体化も行われていること、という二つの論点に絞り、これを最後に取り上げる。

3　性の多様性

セクシュアリティが示すものは広範であると述べたが、近年、もっとも目にするのは、「ＬＧＢＴ」と表現される性的マイノリティについての事柄だろう。「ＬＧＢＴ」という言葉は、日本では二〇一二年以降にメディアが注目し始め、一般化した。

ＬＧＢＴは、Ｌ（Lesbian レズビアン：女性同性愛者）、Ｇ（Gay ゲイ：男性同性愛者）、Ｂ（Bisexual バイセクシュアル：両性愛者）、Ｔ（Transgender トランスジェンダー：出生時に割り当てられた性別とジェンダー・アイデンティティ（性自認）が異なる人）の頭文字をとったもので、性的マイノリティの人権保障を求める運動のなかで、当事者間の連帯を示すために用いられてきた言葉である。そうした歴史的背景から、ＬＧＢＴは、Ｌ／Ｇ／Ｂ／Ｔに含まれない性的マイノリティ、たとえば、アセクシュアル（他者に性的に惹かれない人。ただし、アセクシュアルは複数の定義が用いられてきた（三宅・平森 2021））、アロマンティック（他者に恋愛感情を抱かない人）、Ｘジェンダーやノンバイナリー（男女という性別の二元論にとらわれない性自認の人）等を含んだ「総称」であるとされる。

しかし、ＬＧＢＴという表現はＬ／Ｇ／Ｂ／Ｔ以外の性的マイノリティの存在が見えづらいと指摘されており、ＬＧＢＴＱ＋（Ｑは、Questioning クエスチョニング：自分のセクシュアリティを探していたり、決めていない状態の人、および Queer クィア：奇妙な、風変りな、といった意味や、男性同性愛者に対する侮蔑であった言葉を、**異性愛規範**を批判し抵抗するための思想や実践者の自称として用いられるようになったもの、の頭文字。＋は、ほかにも多様なセクシュアリティがあることを示す）などの表現も使用されている。

また、冒頭で紹介したように、セクシュアリティはすべての人に関わるものであることから、ＳＯＧＩ（ソジ、ソギ：性的指向 Sexual Orientation、性自認 Gender Identity の頭文字をとったもの）や、ＳＯＧＩＥＳＣ（ソジエスク：ＳＯＧＩに性表現 Gender Expression、性的特徴 Sex Characteristics を加えたもの）という言葉が使用されることがある。性自認（性同一性）はその人が自分自身の性別をどう思っているかに関する、ある程度持続的な自己意識（石田 2019）、性表現は服装や髪型といった見た目や言動などで表現される性、性的特徴は身体的・生物学的性を指す。

性的マイノリティをLGBTという言葉を用いずに表現するなら、当該社会で脱規範的・周縁的とされ、スティグマ化され差別されがちなSOGIESCをしたり持ったりする人々を指す総称（青山 2021）といえる。

4 性的マイノリティの描かれ方

メディアは、異性愛者で、シスジェンダー（出生時に割り当てられた性別とジェンダー・アイデンティティが一致している人）で、出生時に割り振られた性別にそった性表現をする人を「普通」として表象し、そうではない人を周縁化する。また、メディアが性的マイノリティを描かないことによって、存在の不可視化が起こる。

たとえば、多人数の登場人物によってストーリーが展開していく群像劇スタイルのドラマや映画において、登場人物がすべて男女のカップルとなって大団円を迎えるものは少なくない。こうした作品は、恋愛は男女でするもの、誰もが恋愛をするもの、カップルになることこそ幸せ、といった価値観を「普通」で「当たり前」だと思っている人にとっては、違和感なく楽しめるものだろう。しかし、社会で生き、暮らしているのは、規範や「普通」にそった人ばかりではない。たくさんキャラクターがいるのに、自分と似た人が登場しないことがくりかえされれば、自分や自分のような人は社会に存在していないような疎外感を持つだろうし、「普通」の枠からはみ出す恋愛や性愛、ジェンダーのあり方は無視されてもしかたのないものだというメッセージとなる可能性がある。近年では、性的マイノリティを主要人物とする作品も増えているが、性的マイノリティに重要な役割が与えられること自体が注目される傾向があることから、まだ数も少ないのが現状だといえる。

数の問題に加え、どのように描いているかという質の問題もある。性的マイノリティが登場しても、「普通」から外れたアウトサイダーや異端者のように描いたり、ある特定のパターンに押しこめるステレオタイプな描き方がされたりすることによって、異性愛規範が強化されてしまうからだ。ドキュメンタリー映画『セルロイド・クローゼット』(ロブ・エプスタイン/ジェフリー・フリードマン監督、一九九五年)は、ハリウッド映画において、ゲイやレズビアン、異性装者たちが「嘲笑の対象」や「狂気じみた人」「殺人鬼」「無残に殺される人」といったキャラクターとして表現されてきた〝歴史〟を明らかにした。また、松岡宗嗣はバラエティ番組における性的マイノリティの描かれ方について、「女装」を揶揄する表現には女性蔑視、同性愛嫌悪、トランスジェンダー嫌悪が含まれていること、「オネエ」タレントはポジティブな影響もあるが、性的マイノリティ=「オネエ」という認識をもたらしていることや、男性/女性ではない第三のカテゴリーとして「オネエ」を位置づけることが起きていると論じる(松岡 2021)。

こうした性的マイノリティ表象への批判に対し、再批判が行われることがある。たとえば、「メディアの表現ばかり問題にせず、社会を変えていくことを考えるべき」といったものだ。しかし、メディア表象と社会の関係は、相互に参照しあう循環的なものである。何をどのように表現するかという選択と演出は、社会の価値観と密接に関係しているし、くりかえされるメディア表象は人々に大きな影響を与える。二〇一七年にテレビのバラエティ番組が、一九八〇年代後半に人気を博していた保毛尾田保毛男というキャラクターを復活させた（これに対し、当事者やLGBT団体が抗議を行い、テレビ側は謝罪した）。このキャラクターは、蔑称としての「ホモ」を用いて、男性同性愛者を戯画化し笑いの対象にするものである（→コラム4）。筆者の知人男性は、テレビで保毛尾田保毛男が人気だった頃、同級生たちが面白おかしく物真似をし、嘲笑しているのを見て、「一生、自分がゲイであるとカミングアウトしない」と心に決めたと語る。メディア表象は現実をそのまま反映したものではないが、現実とつながっているのだ（→第3章）。

前述したように、性的マイノリティを主要人物とする作品は増えているし、当事者をエンパワメントするパワフルな作品も制作されている。しかし、性的マイノリティに向けられる差別の映像化やメディア化には細心の注意が必要であることを強調しておきたい。まず、差別を描くことにはジレンマが生じる。差別は、そのリアリティを観客に見せなければ伝わりにくいが、差別行為や発言の再現が行われることで、差別を強化してしまう可能性がある。そして、差別の可視化が行われても、制作者側に差別が生まれる社会構造に対する批判性がなければ、差別の再現で終わってしまったり、「差別はダメ」という表層的なメッセージに留まってしまうからだ（堀 2019）。性的マイノリティが生きづらさを抱えさせられていたり、マジョリティと同じ権利がないことは社会の側の問題である、という人権意識は日本社会でも高まりつつある。ここで注意しなければならないのは、メディアは「社会の側」であり、さらに、メディアは他者を「凝視」し対象化するという暴力性を包含しているということだ。それゆえに、メディアには、話題性やステレオタイプに頼らない丁重な表現が求められるのである。

5　ジェンダーとセクシュアリティが複雑に絡んだＢＬ

メディアにおけるセクシュアリティ表象のいくつかの問題を、女性と性的マイノリティの視点から取り上げてきた。最後に、それらが複雑に絡んだジャンルであるＢＬ（ボーイズラブ）を取り上げる。

現在、ＢＬと呼ばれているジャンルは、男性同士の親密な関係や恋愛、性愛をテーマとしたもので、マンガや小説、アニメ、ゲーム、ドラマ、映画などさまざまなメディアで展開されている。商業メディアだけでなく、自主制作や自費出版、ネット上での作品発表などもあり、オリジナル作品のほか、「二次創作」と呼ばれる、既存の作品のキャラクターや、芸能、スポーツ、歴史上の男性間の関係性を想像する物語もある。ＢＬは女性向けジャンルであるが、インターネットによって拡散し、ワールドワイドなエンターテインメント産業となったことで、ゲイ男性や多様なジェンダー、セクシュアリティを持つ人々とともに楽しむものとなっている。

日本で生まれたＢＬは、その源流を一九七〇年代の少女マンガに求めることができる。少女マンガに描かれた少年同士の恋愛は、ジェンダー規範から女性が自由になれる世界として生まれた。女性としての息苦しさから逃れられ、かつ、男性キャラクターのセクシュアルな表現を「凝視」できる構造は、他のジャンルにはない特徴である。ＢＬは主に女性が作り、編集者などにも女性が多く、女性が楽しむ女性文化として発展してきたが、女性キャラクターは主要でなく、男性同士の関係性に重点が置かれている。男性同士の恋愛や性愛関係を描くものにはゲイ向けジャンルがあるが、こちらは、主にゲイ男性によって創作され、ゲイ男性が楽しむことを主眼としている点に違いがある。またＢＬには、性的な表現が多く用いられるという特徴があり、作品によっては過激な性描写を含む場合もある（性描写のないBL作品も多数ある）。しかし、男性向けポルノ作品では物語に占める性描写のウエイトが大きいが、これに比べ、BLでは男性同士の関係性の描写のウエイトが大きいという違いもある。

こうした特徴を持つBLから（もちろん、当てはまらない作品もあるが）、先述した、映画が「男性の凝視」というコードを持つというマルヴィの論を考えてみよう。マルヴィへの批判に、オーディエンスの凝視のあり方は性別二元論や異性愛主義に限らない多様なものであること、男性身体の客体化も行われていること、という二つの論点があった。

オーディエンスの凝視を「二次創作」から考えてみると、クィア理論家であるイヴ・コゾフスキー・セジウィックが論じた「ホモソーシャルな関係」との接近が指摘できる。セジウィックは、男性間に生じるホモソーシャルな関係は、同性愛嫌悪《ホモフォビア》（ならびに強制的異性愛）と女性蔑視《ミソジニー》（ならびに家父長制度）を含んだ男性同士の強い連帯関係であるとする。そして、ホモソーシャルな関係は、それによって男性の社会における権力と利益が促進される、現代社会の構造基盤であると論じた。また、男性のホモソーシャルな絆と男性同性愛には重大な類似や一致が認められるのに、両者が分断されているとした（Sedgwick 1985=2001）。原作に描かれたホモソーシャルな関係を同性愛と読み替える「二次創作」は、ホモソーシャルな絆と同性愛の類似を告発するものであり、深い友情や絆と恋愛関係を程度の違いとして描いているといえる。重要なのは、①社会の構造基盤であるホモソーシャルな関係の部外者という立場しか許されない女性によって、この類似の告発が描かれているという点と、②明示されていない、描かれていない非異性愛的欲望を読むというクィア・リーディングが、女性オーディエンスの凝視によって行われているという特徴であろう（クィア・リーディングとはクィア理論とともに一九九〇年代から発展してきた研究であり、異性愛主義やその他の規範を批判的にとらえ、テクストのなかでジェンダーやセクシュアリティがどのように構築されているのかに焦点を当てるアプローチである）。

凝視については、BLでは、男性身体の性的表現が、男性向けジャンルとは異なる手法を盛り込んで行われていることも指摘できる（堀・守編 2020）。たとえば、女性の胸や尻など、特定の身体のパーツだけを取り上げて人格と切り離すような「モノ化」は、性差別として批判されやすい表現であるが、BLの場合、男性をカップルとしてまなざすため、「モノ化」より関係性についての描写が重視されている。ただし、BLドラマや、BLではない韓国のドラマや映画でも、男優が上半身裸になって筋肉を強調しているショットが多用されている。シャワーシーンや入浴シーン、着替えのシーンといえば女優が演じるものと思われがちだったのが、こうした作品では男優が演じることが多くなっているのは、男性身体に対する凝視の増加といえるだろう。このような男性身体への視線は、女性がつねに見られる側であるという規範への抵抗だけでなく、男性が男性をまなざす視線と重なり、異性愛規範を揺るがすものとなっている。

セクシュアリティと表象について、女性と性的マイノリティの視点から論じてきた。オーディエンス研究やカルチュラル・スタディーズで論じられてきたように、表象に対するオーディエンスの解釈は多様である。また、メディア・コンテンツの作り手が、登場人物のセクシュアリティを中心的に描く場合もあれば、描かない場合（セクシュアリティによってマイノリティ化されない世界を描く）もある。しかし、いずれにしても、社会においてマイノリティとされる人々の表象について、マジョリティにとって都合のよい「他者」化になっていないか、メディアの前に多様な人がいることが意識されているか、というチェックは必要だといえる。メディア表象と社会は循環的な関係にあり、ジェンダーやセクシュアリティに関する規範が再生産され、拡散される場であるためである。

（堀あきこ）

第12章の基本文献

天野正子他編　二〇〇九『新編 日本のフェミニズム7　表現とメディア』岩波書店。

堀あきこ・守如子編　二〇二〇『BLの教科書』有斐閣。

エプスタイン、R／フリードマン、J監督　一九九五『セルロイド・クローゼット』アップリンク（ドキュメンタリー映画）。

13　エスニシティとメディア

——ジェンダーとエスニシティが交わる「インターセクショナリティ」から考える

＊本章のキーワード＊
エスニシティ　人種　エスニック・マイノリティ　ナショナリズム　多文化主義　エスニック・メディア　社会運動　インターセクショナリティ

1　エスニック・マイノリティの可視化

街を歩くと「エスニック料理」という文字をよく目にする。そのどこかエキゾチックな雰囲気と刺激的な味つけは人々を惹きつけ、エスニック料理は今や確立したジャンルのように見える。しかし、人々の味覚を楽しませてくれるエスニック料理に冠されている「エスニック」、あるいはその名詞形である「エスニシティ」は、文化的意味合いのほかに、実はマジョリティとマイノリティという関係をめぐって、複雑な政治権力関係を表すものでもある。

「エスニシティ」という言葉は、『孤独な群衆』（1950=1964）の著者として有名なアメリカ人社会学者デイヴィッド・リースマンが一九五三年に初めて使用したのをきっかけに、一九六〇年代以降「エスニック集団」とともに社会人類学のなかで広く使用されるようになる（Eriksen [1993]2002=2006）。

国民国家が成立する近代に生まれた「エスニシティ」概念は、ある集団を他の集団から明確に区別できるような、文化的差異を表すためのものとして登場し、それを規定する要素としては、たとえば共通の先祖、慣習、**人種**、宗教、言語、同類意識などが挙げられている（Isajiw 1974=1996）。しかし、これらの要素は客観的な指標というよりは、主観的なエスニック・アイデンティティからなる帰属意識にも着目する必要があるため、一義的にとらえられない特徴がある（小内 2001）。国民国家におけるエスニック・マイノリティの発生には、さまざまなパターンやとらえ方がある。

世界共通の現象である移民や難民からなるエスニック・マイノリティはもっとも一般的だが、個別の国や社会の内部でも独自の歴史的・政治的経緯によって発生する**エスニック・マイノリティ**の存在がある。ほかに原住民への抑圧、植民地支配、政治権力や宗教権力の変更などによってエスニック秩序が変化する際にエスニック・マイノリティが形成される場合もある。その際にどの文化的要素をもってエスニック・マイノリティと認定するかは、その社会的・政治的背景やコンテクストに依存する部分が大きいため、エスニシティを近代によって発明されたもの、つまり「発明品（invention）」ととらえる立場もある（Sollors ed. 1989）。

近代の国民国家は、アーネスト・ゲルナーの言う「政治的な単位と民族的な単位とが一致しなければならない」という**ナショナリズム**の原理のもとで、その内部において異質的存在とされるエスニック・

マイノリティとの共存をめぐる葛藤を抱えているのである。国家権力は国民を法的主体と定義し、さらに義務教育や公用語の使用を通してその内部における同質性を強化して、価値観の同一化をくりかえし図っている。異なる言語や文化を持つエスニック・マイノリティは社会全体から見れば「はみ出てしまった」部分に映り、国民国家が堅持しようとしている内部における統一性や同質性の論理に脅威や破綻をもたらすものとみなされるのであり、そのため排除（exclusion）もしくは同化（assimilation）という現象が起きる。

アメリカ合衆国を例に挙げると、一九〇〇年代前半には移民国家として「人種のるつぼ《メルティングポット》」と呼ばれたが、さまざまな出自の移民が溶け合いひとつの真新しい「アメリカ人」を作り出していくのではなく、実際のところは「ＷＡＳＰｓ」に代表される白人アングロサクソン系の清教徒男性が社会の主流価値を代表し、他の移民はそれに同化しアメリカ人になることが期待されてきたのである。

シカゴ大学の社会学者ロバート・E・パークは、二〇世紀初頭、こうした同化機能を果たすメディアとして移民新聞を研究した（Park［1922］1970）。彼は二〇世紀初頭にヨーロッパから大量の移民が押し寄せる背景のなかで、当時九言語で出版された新聞を対象として、移民新聞がどの程度まで「アメリカ化」と「同化」を果たすのかを中心に考察し、主流社会が移民新聞を積極的に取り込むことが同化に有益だ、と結論づけた。

その後こうした同化のイデオロギーへの反省のなかから論じられてきたのが、**多文化主義**（multiculturalism）という思想である。多文化主義がフォーカスするのは文化的差異によってもたらされた不利益を是正し、マイノリティのインクルージョンを主張する「承認の政治（the politics of recognition）」

である。たとえば、社会的偏見やステレオタイプによってその存在が否定され、独自のアイデンティティの維持に苦しむ民族的・宗教的少数派、女性、ＬＧＢＴＱなどがその対象である。これらの集団は、たとえば難民以外はほとんどがシティズンシップという市民としての共通した政治的・社会的権利を享受しているのに、さらに個別の文化や言語をめぐる権利を要求するのは不当で社会的不平等を招きかねないという批判がある。それに対して「承認の政治」の主張は、近代の国民国家のほとんどは国家形成の段階から、ある特定の言語や文化や価値観を中心に主流イデオロギーが形成され、社会の仕組みがその論理にしたがって作り上げられていることを指摘する。多文化主義によれば、とりわけリベラルな民主主義社会においては、周縁に置かれてきたマイノリティによる権利要求はむしろ正当な要求であり、政治の決定や政策におけるエスニック・マイノリティへの最大の配慮は社会を統合し、社会をより完全なもの、そして安定したものにするのだと言う。そこで一九七〇年代以降、「人種のサラダボール」概念が登場した。それぞれの野菜が小さくちぎられるが、ある程度形をキープしつつ混ざり合うことを通してひとつの味のハーモニーを作り出していくサラダボールのイメージには、人種の平等や文化の尊重が反映されている。さらに近年では、「カレイドスコープ（万華鏡）」というとらえ方が登場した。筒のなかのビーズは本来の形のままで転がり、周りのビーズとの組み合わせや鏡に映し出す角度によってさまざまなパターンの模様が現れる。そのビーズをマジョリティとマイノリティの人々に置き換えてみよう。サラダボールの野菜のようにちぎられる必要がなく、異なるビーズの組み合わせや角度によって異なるハーモニーが作り出されて美しく輝きを増すことは、マジョリティとマイノリティが目指す共生の理想像を示唆しているように思われる。

2　声を取り戻すためのメディア実践——台湾のエスニック・メディア

エスニック・メディアは、前節のパークの移民新聞研究で述べたようなメルティングポットとしての機能を期待される時代から、エスニック・グループの人々が自らのエスニック・アイデンティティに覚醒し、権力側による抑圧や排除に対抗し、平等なエスニック関係を構築し、確認し合うメディア実践となった。つまり、エスニック・メディアは、いわゆるサラダボールや万華鏡のような社会関係を求める段階へと変貌を遂げていったのだった。その事例として台湾のエスニック・メディアを取り上げたい。

台湾には古くから定住している原住民族（現在一六族が認定されている）のほか、一七世紀から一九四五年までの間に中国本土から移住してきたいわゆる「本省人」と、一九四五年以降国民党政権とともに大陸から台湾に撤退した「外省人」という存在がある。本省人は、さらに福建省出身者が中心となる閩南《びんなん》人《じん》と、広東省周辺からきた客家人《はっかじん》に大きく分けられ、それぞれは閩南語と客家語という異なる方言を使用している。本省人と原住民族は、お互い異なる文化と言語の壁がありながら、外省人が来るまでの五〇年の間（一八九五〜一九四五年）、日本による植民地統治という共通の経験を持っており、一九四五年以降台湾に来た外省人との間では言語が異なるほか、生活経験や価値観などにおいて大きな隔たりがある。一九四五年の日本敗戦と中華民国国民党政権による台湾接収をきっかけに、人口数において少数派だった外省人が台湾政治の中枢につき、権力を独占する勢力として台湾の人々を統治するようになり、人口数が多かった本省人は政治的少数派になるという構図が当時の台湾社会に生まれた。それから三〇年あまり国民党による権威主義統治が続き、国語政策および中国ナショナリズムに基づいた義務教育が施され、方言はマスメディアや公の場での使用が禁止されてきた。学習の機会を奪われた結果、本省人、とりわけ客家人と原住民族には言語や文化が次世代に継承されないという現象が起きた。

八〇年代の政治的民主化と自由化は、エスニック・マイノリティに、それまで抑圧されてきた言語と文化への権利を主張する機会を与えた。一九八八年、客家人による「還我母語」（われに母語を返せ）運動が台北のメイン通りに登場し、世代間における言語継承の断絶という問題を社会に提起し、政府に対策を求めた。しかし、数年経っても政府はまともに対応せず、しびれを切らした客家の人々は一九九四年に自分たちの力で非合法ラジオ局「宝島客家ラジオ」を立ち上げることで対抗した。草の根メディアとして登場した「宝島客家ラジオ」は、運営も財源も客家人が中心となる支持者によって支えられ、初期には政府の保守的な多文化主義政策を批判する対抗的言説を生み出したほか、言語・文化の世代間継承にも力を注いだ。一九九六年合法化を果たした後は、主流社会との交流と共生を目標にしながら、客家の言語や文化の継続的な伝承活動に力を注いでいる。

また、二〇〇〇年に初めて国民党から民進党へと政権交代した台湾は、従来の中国ナショナリズムを転換させ、台湾人としてのアイデンティティを強調する台湾ナショナリズムが台頭するようになった。そこで台湾のエスニック・グループの共生共栄を促進することを目指す多文化主義政策が打ち出され、その一環として客家テレビ（二〇〇三年）と原住民族テレビ（二〇〇四年）が誕生した。設立初期において両局とも入札方式で民間への委託経営というかたちで放送開始したが、二〇〇七年から両局は台湾公共放送グループの一員という位置づけで再スタートした。公共放送は市場原理にしたがう商業放送とは違い、市民社会全体の利益を最重要視し、国民国家における共通の文化と価値観の形成を使命とするメディアシステムである。こうした統合のイデオロギーを持つ公共放送の一員となった両局は、それぞれのエスニック・グループと主流社会との望ましい関係性をめぐって、異なる結末を生み出した。客家エスニック・グループは主流社会へのインクルージョンを以前から望んでいるため、客家テレビ局が公共放送グループに入ることに歓迎の声が多かった。これに対して、自治権を求め続け、ネイションとして自立することを目指す原住民族にとっては、公共放送の一員となることは主流社会の論理へと再び回収されてしまうことを意味するため、原住民族テレビは別個のメディアとして独立する道、すなわち主流の一部になることを拒絶する道を選んだ。これらの事例では、前者は国民国家の内部への融合を目指したのに対して、後者は国民国家の論理に異議を唱え、訣別したのである。

台湾にはこのほか、移民のための、言語や文化の壁を低くするためのエスニック・メディアの実践がある。一九八〇年代から台湾には東南アジア出身の出稼ぎ労働者からなる「移工」（migrant worker の中国語略語）が増え続けると同時に、移民や結婚を目的とする「新住民」（中国大陸と東南アジア出身者が九割以上を占める）とその家族たちは台湾社会における新たなエスニック関係をもたらした。「移工」と「新住民」に対しての主流社会の差別的なまなざしと、言語や文化からなる壁は彼ら／彼女らを苦しませ、多くの社会問題と悲劇を引き起こしてきた。そこで非営利メディアとしてスタートした新聞『台湾立報』は、まず言葉の壁をなくそうと二〇〇六年にベトナム語、そして二〇〇八年にタイ語を用いて『四方報』を立ち上げた。その後インドネシア語、フィリピン語、カンボジア語、ミャンマー語の言語別バージョンが加わり、台湾で唯一の多言語エスニック新聞としてその存在が認められ、賞でも評価された。また、『四方報』は、台湾人と「新住民」出身者たちが協力し合い、一般の生活情報から外国人労働者や定住者として直面した問題を報道し、解決につながる手助けを提供するほか、「移工」と新住民による投書面も設けられ、当事者の生の声を通して喜怒哀楽をリアルに伝えることで台湾社会の「移工」と「新住民」に対するイメージが徐々に変化した。二〇一六年に経営環境の変化により『四方報』は一度休刊となり、その後インターネット上で復活したが、一部の『四方報』のスタッフが新たに『移人(Migrant Park)』と名づけた非営利メディアを立ち上げ、インターネットとFacebookで記事を提供し続けている。『移人』は、多言語で文字のほかに映像や写真、イラストなどの表現手段を通して異文化交流を図るほか、労働や雇用問題、生活情報、ライフストーリーなどを報道し続けている。

3　ステレオタイプ化されるエスニシティとジェンダーの表象

次に、主流メディアがエスニシティとジェンダーをステレオタイプ化して描く問題を取り上げよう。メディアによる原住民族への不適切なステレオタイプの押し付けを例に挙げる。二〇二〇年に台湾テレビ業界の最高栄誉賞である金鐘奬《きんしょうしょう》は、子ども向け番組司会者でタオ族出身の一七歳少年が受賞した。少年は、タオ族の伝統礼服で出席したが、彼が身にまとっていた伝統礼服は、ふんどしのような形をしていることから一部のマスメディア報道やＳＮＳで揶揄されたり批判を受けるなどして、社会的波紋を呼んだ。ＳＮＳでは、少年が露出した臀部や伝統礼服の形は式典には「ふさわしくない、ふざけている」という意見が多数を占め、それに対して当事者であるタオ族の長老からは「伝統の価値が無視された、主流メディアによる表面的かつ勝手な解釈」という失望の声が上がった。原住民族の伝統文化とそれに付随する価値観への無知、無関心に由来した主流側の恣意的な価値観の押し付けが言語の暴力というかたちで露呈したのである。

前述の「悪意」による批判の例に対し、一見「善意」とみせてステレオタイプを押し付ける事例は、二〇二一年夏の東京オリンピックでも見られた。その世界的な舞台で、柔道男子六〇キロ級の種目において台湾のパイワン族出身の選手が銀メダルを獲得した。台湾柔道史上初めてのメダル獲得という、この快挙に対して、台湾のメディアは連日「パイワン族の勇士」という表現を称賛の言葉としてくりかえし使っていた。一見これは原住民族を評価する言葉のように見える。しかし実際のところ、「勇士」という言葉は、これまで主流メディアが原住民族に対して貼り続けてきたラベルであり、その背後には「原住民族は運動神経（だけ）が良い」という断片的で、独断的なイメージが付随している。長年台湾のメディアでは「原住民族＝勇士＝運動が得意」というステレオタイプが一人歩きしており、それは原住民族の他の特質や側面への理解を妨げる。漢民族出身の選手に対して「漢民族の勇士」という使い方は台湾のメディアでも日常会話のなかでも登場しないことを考えれば、原住民族にのみ付与するこの「勇士」というラベルは、「お酒好き、怠け者、お金に無頓着」などのネガティブなステレオタイプと対をなしており、漢民族社会の優越的姿勢、そして一方的な解釈の目線を表している。

こうしたエスニシティの表象をめぐる個別の事例は実は氷山の一角である。海の上に露出している部分はある程度それに気づき批判することができる。しかし、海の下には、焦点が定まりにくく、隠れて見えない問題が潜んでいる。そのひとつはジェンダー問題である。第2節で紹介したように、台湾ではエスニシティとメディアの問題をめぐって三〇年余りの闘争のなかで制度的には大きな成果を収めてきたと言えるが、しかしエスニック・メディアの設立を最優先課題としたがゆえに、その反面、エスニシティゆえのジェンダー問題が見落とされるという予期せぬ帰結をもたらした。

伝統文化の復興や維持という集団的目標のもとでエスニック・アイデンティティを確立させるべく闘ってきた**社会運動**のなかで、主流の価値観に束縛されてきた女性の声および経験は、多くの場合沈黙させられてきた。エスニシティとジェンダーの二重の劣勢に置かれてきた台湾の年配の原住民族女性を対象に行ったオーラルヒストリー研究によると、原住民族女性は主流社会による差別やイジメに直面する際に、「良い原住民」と認めてもらえるように振る舞わざるをえず、結果として原住民族としてのアイデンティティを優先させ、女性としての声を封印することになる（洪 2014）。二つの異なる抑圧の経験を同時に背負うとき、人はどちらか優勢な方を選ぶ以外に方法がない、そういう苦肉の策をとるしかないという事例だ。

メディア表象のジェンダー問題に関しては、主流メディアやエスニック・メディアに登場する原住民族女性の姿には、家族の世話に勤しむ忙しいお母さん像、民族衣装を着て踊りと歌と布織りを披露する文化的象徴、あるいは黙って男性を支える存在としての表象が多い（孫 2013）。これらの表象の多くは、一部は部族の持つジェンダー規範からきたものではあるが、それは主流社会の家父長的なジェンダー意識とぴったり合致したがゆえに切り取られているものでもある。また、複数の抑圧を背負う原住民族やマイノリティの女性が主流社会のステレオタイプを超越して成功した事例という、従来のニュースフレームでは適切に解釈できないものに対して、主流社会の家父長的な性別役割規範がそのまま当てはめられ、当事者のイメージを歪めてしまうことが起こる。

たとえば、東京オリンピックの重量挙げ女子五九キロ級で世界記録を破ったアミ族出身の女性選手に対して、金メダルの獲得は「恋愛解禁」につながると報じ、「彼女をお姫さま抱っこできる男は？」と取り上げるあり様は、主流の漢民族社会が持つ「女は（いくら成功しても）男を必要とする存在だ」というジェンダー観が赤裸々に現れている。また、彼女の奮闘を取り上げる報道のほとんどは、これまで周りの漢民族や政府関係者によってどれだけ助けられ恩恵を受けてきたかに集中しており、原住民族が長年社会のなかで受けてきた構造的不平等と抑圧は不問にされた。

他方では、主に結婚をきっかけに台湾に移住した東南アジア出身の「新住民」に対して、一部の台湾主流メディアは、未開的、お金目当て、詐欺っぽいなどのネガティブなイメージを押し付け、その存在を社会問題として扱う傾向が強い。また、ポジティブに取り上げるニュースや番組を見ても、「新住民」は台湾の言語をしっかり習得し、家庭のなかで子どもを産み、家族を世話し、夫を支えてさまざまな理不尽に耐える忍耐強い存在であるべきという主流社会の持つ、優越的な目線と保守的な家族観を反映しているケースが少なくない（王 2018）。

4　複数の抑圧とその解放に向けて
――「インターセクショナリティ」という視点

メディアはわかりやすく伝えるため、往々にして単一の属性にのみフォーカスをかけて報道する傾向が強い。現実社会でも、エスニシティ、ジェンダー、階級／階層など人々が抱えている複層的な経験や属性、およびそれに由来した差別の経験が適切に表現されているケースは少ない。

フェミニズム理論のなかでこうした問題への批判として登場したのが、インターセクショナリティ

（intersectionality 交差性）をめぐる議論である（Romero 2018）。八〇年代アメリカ合衆国のブラック・フェミニズムを代表するインターセクショナリティという概念は、キンバリー・クレンショーによって提出されたものである。彼女は一九八九年の論文のなかで黒人女性が受けてきた人種とジェンダーという複合的な問題について、単一の軸（single-axis）のみで見ることとの問題性を指摘し、「人種差別の問題には、性別や階級的に優位な黒人が注目され、性差別では人種や階級的に優位な女性が注目される傾向がある」（Crenshaw 1989）と、つまり前者においては黒人男性、後者においては白人女性に注目が集まるため、黒人女性はどちらの議論からもこぼれ落ちてしまう現実を告発している。そしてもっとも重要なのは、黒人女性が経験する性差別と人種差別は、「人種差別と性差別の合計」でも「二重差別」でもなく、「黒人女性として差別される」ということであると述べる（清水 2021）。このやや抽象的な主張を説明するために、クレンショーは「交差点（intersection）」を用いて次のように説明している。

> 差別は、交差点における交通のように、あるひとつの方向から来ることもあれば、別の方向から来ることもある。もし交差点で事故が起こるなら、それは複数の方向からの車によるケースもあれば、場合によってすべての方向から来る車による可能性もある。つまり、黒人女性が交差点にいることによって負傷する場合は、それは性差別から来る可能性もあれば、人種差別から来る可能性もあるのである。（Crenshaw 1989）

交差点に置かれている黒人女性の存在に光を当て、いつか、どこかの方向から、あるいは同時にすべての方向から車に轢かれるかもしれないというきわめて不安な立ち位置を明確に説明したものである。さらに、性差別か人種差別かのどちらと明確にできるときにのみ、その訴えが承認される黒人女性が置かれている境遇は、交通事故の際に事故を起こした車を特定できるときにのみ、責任の追及ができることと類似していると、クレンショーは指摘している。複数の方向から車に轢かれて、はっきりとどの車の責任なのか判定が難しい事故現場では、結局どの車のドライバーも責任を負うことなくその場から立ち去っていくのと同じように、黒人女性が受ける複合的な差別への無視は、まるで轢き逃げされたに等しい現実を示している。

台湾にも、エスニシティの問題で言えば原住民族や客家の男性、ジェンダー問題で言えば漢民族の女性や漢民族のＬＧＢＴＱの声や主張が優先されることが多い。メディア報道では、原住民族の女性／ＬＧＢＴＱ、あるいは「新住民」の女性／ＬＧＢＴＱは、固定されたニュースフレームのなかで断片的に切り取られることが多く、本来の姿や独自の経験を語る主体的な声がメディア報道に現れる機会は少ない。エスニシティとジェンダー両方のアイデンティティによる葛藤を抱える女性やＬＧＢＴＱの人々は、交差点に立つように、そこで四方からの攻撃にどう自己防御するのか、そしてその立ち位置からなる複数の経験をどう消化し、言語化し、発言権を獲得していくかが大きな課題となる。その際に自らの経験を私的領域に回収するのではなく、それを再現しパブリックな関心事になるように、当事者もそれ以外の社会的メンバーも意識し努力する必要がある。

近年こうした問題意識は、台湾のメディア研究者やメディア実践を支える活動家の間で共有されてきている。そのなかには、プロの映像制作者が「新住民」女性のためのドキュメンタリー制作ワークショップを開催し、技術支援を中心に提供しながらテーマの決定からストーリーの構成まで極力介入せずに対話を重ねるかたちで作品の仕上げをサポートする活動がある。参加者の「新住民」女性は自らの日常生活（職場・家族の理解、家事・仕事労働以外に支配できる時間のやりくりなど）から来る多くの制約のなかで、何を考え何を伝えたいのか。多くの作品には、「新住民」女性が「家・家庭の中／外」の場で持つ複数の身分の間の撞着が描かれ、とりわけ主流社会からの多文化的要求と同化の要求、さらにジェンダー規範とを一身に引き受けてしまう生きづらさが明らかになった（謝 2020; 王 2018）。それは、単一の軸による見方を排除し、ジェンダーとエスニシティをはじめ階級や性的指向などによる交差点が社会に多数存在している事実を明らかにする取り組みである。

こうした取り組みにおけるわれわれの希望は、これらの交差点は個別に独立して存在しているのではなく、交差点と交差点の間には直接つながる道もあれば、いくつもの曲がり角を経たとしても、やがては大通りにつながり、広場へと誘われる、その可能性である。人は「女」「原住民族／エスニック・マイノリティ」「セクシュアル・マイノリティ」など、多様な既存のカテゴリーに属しているがゆえに、決して同じ差別経験を共有することはできない。しかし、それぞれの違いを認識したうえでなお理解し合い共感を探り合う努力は、まさにさまざまな分断に直面する現代社会においてもっとも求められているもののように思われる。エスニック・メディアも主流メディアも、さらに社会全体のメディア実践活動も、一つ一つの交差点を生きてきた当事者の経験と声に真摯に耳を傾け、社会全体で共有し、認識を深めていくことが期待される。

（林　怡蓤）

第13章の基本文献

上野千鶴子　二〇一五『差異の政治学　新版』岩波現代文庫。

キムリッカ、W　二〇一八『多文化主義のゆくえ——国際化をめぐる苦闘』稲田恭明・施光恒訳、法政大学出版局。

コラム4

メディア・コンテンツに見る性的マイノリティへの蔑視

松岡宗嗣

二〇一七年九月、フジテレビの人気番組『とんねるずのみなさんのおかげでした』三〇周年記念スペシャルに、人気キャラクターだった「保毛尾田保毛男」が再登場。同性愛者をカリカチュアライズした姿で「ホモでなくて、あくまでも噂なの」という鉄板ネタを披露したが、この放送がSNSを中心に多くの批判を集め、フジテレビ社長が記者会見で謝罪するまでに発展した。

二〇一〇年代以降「LGBTブーム」と形容されることもあるほど、性的マイノリティに関する報道やコンテンツが増加した。大きなきっかけとなったのが、二〇一五年に東京都渋谷区・世田谷区で導入されたパートナーシップ制度だ。保毛尾田保毛男の〝炎上〟は、これまで繰り返されてきた性的マイノリティ、特に男性同性愛者やトランスジェンダー女性の一部を嘲笑するメディアの表現に疑問が呈された「転換点」とも呼べる事象だったのではないか。

以降、露骨な差別的表現は減少しつつあるが、一方で侮蔑的なコンテンツは巧妙化して繰り返されている側面もある。

たとえば、近年はテレビ朝日のドラマ『おっさんずラブ』(二〇一八―二〇一九年)をはじめ、ドラマ等における男性同性愛をポジティブに描くコンテンツも増加しているが(ただし、シスジェンダーの男性同性愛の作品に偏りが大きく、レズビアンやトランスジェンダーなどを描く作品は依然として少ない)、こうした作品が人気を集める一方で、バラエティ番組では「おっさんずラブ」という言葉を用いつつ男性同士のセクハラを面白おかしく放送したり、単にシスジェンダー男性の著名人が女性装をすることのみで笑いを取るという構図など、既存の同性愛嫌悪やトランスジェンダー嫌悪(さらに女性蔑視も含まれる場合も多々ある)を踏襲した表現は繰り返されている。

バラエティに限らず、報道番組でも一般市民への取材の中で、トランスジェンダーの当事者を「女性のような男性」と表現したり、性別を確認するために胸を触ったり保険証を提示させるといった放送も批判を集めた。テレビやYouTubeなど、媒体を問わずさまざまなメディア・コンテンツにおける炎上は定期的に繰り返される。

一方では「困難を抱えたかわいそうな少数者」として、他方では「面白おかしい異質な存在」として性的マイノリティが描かれる背景には、規範的なジェンダー・セクシュアリティ以外のあり方は特殊なものとして位置付けられ続けている点が指摘できるだろう。

制作側の組織体勢や視点に性的マイノリティ当事者が不在・不可視化されたまま、シスジェンダー・異性愛中心主義や規範が疑われることなく、「自分とは異なる特殊な他者」としての性的マイノリティが描かれ続ける。ここに疑問を投げかけることが、性的マイノリティに関する侮蔑的な表現をなくし、多様な性のあり方の実態をメディア・コンテンツにも反映することに繋がっていくのではないだろうか。

まつおか　そうし(ライター、一般社団法人ｆａｉｒ代表理事)

終章　情報化社会とジェンダーの未来

1　メディア研究の行き詰まり

今、新聞やテレビなどの伝統的なメディアが行き詰まっている。それは、単なる経済的な行き詰まりではない。その背後にある、思想的支柱が崩れかけている。つまり、冒頭第Ⅰ部の総論で最初に取り上げた「表現の自由」思想は、これまで、自由な民主主義社会でのメディア活動の根本だと考えられてきた。しかし、本当にこれはすべての人にとって等しい「根本」だったのだろうか。

この思想に投影されている「言論の自由を行使する自立し理性的な個人」には、明らかにマジョリティ側の、健康で教育を受けた男性の生き方が投影されている。なぜならば、今日でも、意見をもつこと、意見を表明することが積極的かつ肯定的に評価されるのは男性側。女性、子ども、高齢者や障害者、あるいはそうした者たちをケアする役割を担う者たち、教育機会の少ない下層階級者、性的、エスニックなどさまざまな理由でマイノリティとして抑圧され社会の表舞台に立てない者たちは、意見を言う機会が与えられないばかりか、無視され、ひどいときには退場させられたり、生意気だと処罰されてもきた。意見を言うことは、女性やマイノリティたちにとって理想にさえなっていない。

表現活動の担い手として二〇世紀に急速に産業化したメディアも、マジョリティの男性たちによる支配下で成長し、社会に甚大な影響力を行使してきた。その一方で、女性やマイノリティが主体的に表現する場は一層縮まっていった。産業の発展とともに大手メディアに勤務する者たちは男性の高給取りのエリートとなり、生活の場面からはかけ離れた感覚をもつ人たちの集団となった。こうして、いわゆる自由主義《リベラリズム》への疑問や反感は、日本だけでなく、世界的に共通して広がっていった。自由は決して、平等には与えられていないのだった。

そして、その「ツケ」は、今われわれの社会全体に回ってきている。

今、世界中多くの人たちが、自由主義《リベラリズム》という思想は、実はきわめて限定的かつ均質的な社会サークルの「少数派特権階級」のためのものでしかないということにうすうす気づき始めている。

安定した雇用と経済力をもち、自分が思う通りの生活ができる「リベラル特権階級」と、明日の食事の心配をしながら日雇いで暮らさなければならない下層階級とでは、言論・表現の自由度がまるで違うではないか。さらに、二一世紀に入って経済の発展の雲行きも怪しく、先行きも不安だ。どんなにがんばっても貧富の格差は縮まりそうもない。いや、昔よりむしろ拡大している。先進諸国では、親の世代より子どもの世代の方が貧しくなった家庭が増えている。右肩上がりだった二〇世紀とは大きく異なり、先進諸国では行き詰まり感や閉塞感が広がり、息苦しさは世界的なポピュリズムや極右運動の台頭にもつながってしまった。

さらに悪いことに、こうしたポピュリズムや極右運動が向ける非難の矛先は、いわゆる「リベラル特権階級」に向かうだけでなく、自由主義《リベラリズム》やグローバリゼーションの恩恵を受けたといわれるマイノリティに向かい、嫌悪感情は女性処罰（ミソジニー）や外国人差別（ゼノフォビア）というかたちで現れている。世界中で、女性や外国人への侮辱や誹謗中傷、ヘイトスピーチがネットを中心に横行し、二〇世紀に勝ち取ったさまざまな人権概念（女性の権利、市民権、移動の自由など）が、表現の自由という人権概念によって攻撃され、崩れつつある。今や表現の自由は、気に入らないマイノリティを攻撃する「武器」となってしまったのである。

2　ジェンダー概念が切り開く新たなメディア研究の地平

二一世紀のメディア研究は、こうして現実となった自由主義《リベラリズム》の限界を直視しなければならない。自由主義、具体的には「言論・表現の自由」は、いつのまにか特権階級の専有物のような状態になってしまい、その安易で楽観的な称揚や賞賛は、弱者を傷つけ、社会を分断する。

この本の編者たちは、自由主義社会のこのような状況において、包摂やケアの感覚を呼び戻すジェンダー概念が、これからのメディア研究のあり方を考えるうえで、良きガイドとなる概念であると信じている。本書のすべての章では、今、メディアの世界において女性やマイノリティがどこにいるのか、どんな声を上げてきたのか、そして声を上げやすくするためにはどのような工夫が考えられるか、新たなデジタル・テクノロジーはどう介在していけばよいのか、などの問いを扱った。こうして、「ジェンダー」概念とともに、調査するべき対象も領域も新たな具体性をもって立ち現れ、メディア研究においてより実証的で実質的な結果が得られる。

こうして、ジェンダーから導き出されるメディアに関する問いは、具体的であるがゆえに、効果的かつ実践的であり、メディア研究が実社会に重要な役割を果たすためのきっかけとなるだろう。実際、有力政治家とメディア関係者との癒着、メディア企業の「働き方改革」の遅れ、メディア業界内で相次ぐハラスメント告発、後を絶たない女性や性的マイノリティへの侮辱的コンテンツ――これらは、二〇世紀に男性偏重システムのもとで成長してきたメディア産業が、一刻も早く解決すべき問題だ。また、社会の各所に国境を越えて生まれるサブカルチャーやエスニック・メディアの連帯は、既存の産業化したメディアへの有力な対案の宝庫である。本書で扱ったメディアにおける「ジェンダー」の視点は、自由主義《リベラリズム》の理想論と楽観主義に依拠することなく、メディアの現実的ダイナミズムや新たなあり方を実証的に検証し、新たなアイディアを得るために不可欠なのである。

自由主義《リベラリズム》のビジョンは、また、メディア研究の対象について、政治を頂点とする〈主流―傍流〉という「格付け」機能を果たしてもきた。二〇世紀のメディア研究では、「報道」や「ニュース」の分野が優先的に扱われる一方で「それ以外」のテーマを低く見るという傾向が作られていった。

しかし、本書を読めばおわかりの通り、メディアを考える際、政治ニュースだけでなく、娯楽コンテンツや広告文化も人々の信念や生き方に影響を及ぼす重要なジャンルである。近年の世界的政治状況を見れば、むしろ娯楽や消費の方が、政治の行方を左右し、私たちの社会や生き方（way of life）にインパクトを与えている。この視点は、一九八〇年代後半から九〇年代にかけて注目されたカルチュラル・スタディーズによって、ようやく研究が社会の現実に追いついたと言ってよい。カルチュラル・スタディーズの台頭によって、ジェンダーという視点もさらに本格的に導入されていった。本書では、これまで別々に論じられて、成果の共有も少なかった「ジャーナリズム研究」と「カルチュラル・スタディーズ」（Zelizer 2004）が、「ジェンダー」という概念をもとにつながり、メディア研究、ジャーナリズム研究の射程の広がりを相互に提示することができたと思う。社会のファクトが報道によって適切に提示されているかを検証することと、そのファクトを批判的に解釈し検証することは、同時に行われなければならない。

以上が二〇世紀までに発達した自由主義、ならびに自由主義に依拠して発展したメディア研究への反省である。なお、本書では第II部にインターネットがもたらす現実と可能性を、政治面、産業面、文化面から取り上げているが、デジタル技術の普及によって「送り手」と「受け手」の間の双方向コミュニケーションが可能になったことで、インターネットはまさに社会全体に大変革の嵐を巻き起こし、私たちは今、その嵐の真っただ中にいる。この嵐については描ききれなかったこともあるので、以下にその点について考え、いくつかの問題提起をしておこう。

3　二一世紀のデジタル・テクノロジーがもたらす問題

今日、私たちはニュース、映画、小説から友達とのおしゃべりやメッセージまで、すべてを同一のスマホの画面で受け取るようになった。ありとあらゆる情報が次々と同一画面にプッシュ通知され、私たちはその呼び出しに応えて一日に数えきれない回数、スマホを「チェック」する。さらに、デジタル情報化技術の進化にともない、それぞれのスマホ上の画面は、アルゴリズム機能によってパーソナライズ（個人化）されている。こうした新たなテクノロジーの普及によって、メディア研究にも新たな課題が生まれている。

とりわけ二〇二〇年三月以降は、新型コロナウイルスの感染拡大によって、個人が互いに離れ離れのままでも、デジタルツールを使ってコミュニケーションをすることが社会的標準となり、推奨されるまでにいたった。コロナ禍を経験してデジタル・コミュニケーションに対する躊躇が逓減されたことによって、大学の授業からおしゃべりまで一気にオンライン化が進み、「デジタルメディア」の守備範囲が広がった。と同時に、その社会的役割もさらに重いものとなった。こうした大変動するデジタル環境において、メディア論の行方はどうなるのか、ジェンダーの視点から次の二点を考えてみたい。

第一点目に、スマートフォン（スマホ）の普及が急速に進み、情報の拡散が格段に手軽になったことが挙げられる。その際、いわゆる「フェイクニュース」や感情的な討論、極端な意見、陰謀論などが、ソーシャルメディアのタイムラインに優先的に表示され、そして拡散されていくことが社会問題となった。たとえば、データ科学者のシナン・アラルの『デマの影響力』（原題 *The Hype Machine*）によると、さまざまな研究で、偽情報の方が、そして感情的な言葉の方が、早く広く拡散されているとの研究結果が示されている。「デマの拡散」現象は自然に作られた科学現象などではなく、ここまで主にアメリカ政府と巨大ＩＴ企業が経済成長を狙って整えてきた世界経済体制であり、社会の側もそれを放置してきた。一日二四時間しかないなかで、人間の注目は限られている。「人々の注目がなければ存在しない」という冗談は、今、まさに現実になってしまった。こうして人間の限りある「注目」という資源をめぐって商売を競い合う「アテンション・エコノミー」（↓第6章）が、今日のネット情報の混沌を生み出している。今や企業の市場価値は、ネット上のユーザー数の増加の速度と、消費者のエンゲージメント

〈粘着度〉の強さだとも言われている（Aral 2020=2022）。私たちの生活の一部になっているスマホとネットの世界では、資本主義の原初的論理である〈数の専制〉をもとにした「アテンション・エコノミー」が席巻している状況だということを確認しておこう。ユーザーの位置情報やネット上の行動データが知らないうちに企業に抜き取られ、そのデータの蓄積によって行動が予測され、その予測をもとにさらに多くの注目を集める。今後、こうした状況にユーザー側である私たちは、どう向き合い、生き抜くことができるか。ネット社会でのユーザーの「主体性」とは何かが問われている。

とりわけ、ジェンダーという観点から考えれば、ここまでの歴史でも、「世間の耳目を集める」ために女性の表象は男性支配と家父長制の視点によって消費されてきた。フェミニズム運動が地道に切り崩してきたジェンダー・ステレオタイプが、今、再びアテンション・エコノミーを通して息を吹き返す可能性もある。私たちは今、アテンション・エコノミーが駆動する資本主義が、女性やマイノリティたちにとってどのような影響を与えるのかについても詳細に検討する必要がある。歴史上、〈数の専制〉によって抑圧され、沈黙させられるのはマイノリティであったことを忘れてはならない。

第二点目は、強大なグローバルIT産業のあり方だ。第7章ではマスメディア企業のオトコ社会について学んだ。しかし、IT産業はメディア産業にも増してオトコ社会だと言われている。日本の場合、情報サービス産業協会の「二〇二〇年版情報サービス産業基本統計調査」（2021）によると、同協会会員企業で女性が全ITエンジニアに占める割合は二一・一%。同産業における管理職の女性割合は六・三%だった。この状況は世界でも同様だ。いわゆるGAFAM（Google, Apple, Facebook（= Meta), Amazon, Microsoft）と呼ばれる巨大グローバルIT企業も、男性、特に白人男性中心で経営されていることがつとに批判されてきた。二〇一七年のロイターのデータによると、テックエンジニアに占める女性の割合は、Apple社で二三%、Facebook社で二二%、Google社で二一%、Microsoft社で一九%だった（Reuters Graphics 2017）。この状況は、少なくともしばらくの間は続くものと見られている。というのも、世界的に、理系の研究者に女性が不足しているからだ。とりわけ日本では、「理系」に女性の占める割合がOECD諸国で最低となっており（理系博士課程学生の割合が日本は一七%、OECD平均三八%）、人材育成という点でも抜本的な対策が求められている。女性やマイノリティに優しい視点をもった優秀なエンジニアを育てることは、喫緊の重要な社会的課題となっている。

今日、政府から公共機関まで、あらゆる組織がネットを利用し、なかば公共的インフラストラクチャーのような役割を果たしているにもかかわらず、IT企業は私企業であるために情報開示の義務もなく、十分な監視もされないままに営業をしている。ソーシャルメディアのアルゴリズム機能や、アプリ開発などに、女性やマイノリティの視点がしっかりと反映される体制ができているか、人権を尊重したものになっているか、そして利用に際して適切な情報開示が行われているかはきわめて心もとない状況なのである。近年、こうした批判があるなかで、欧州を中心に技術開発に際して「責任ある研究とイノベーション（Responsible Research and Innovation, RRI）」（Schomberg 2013）の観点を強化する取り組みや、女性やマイノリティたちがテクノロジーを自らのものにしようとする「ジェンダード・イノベーション」の取り組み、「フェムテック」開発の動きも出てきた。テクノロジーの開発プロセスを女性やマイノリティにも開放し、彼女たちの視点を生かし、新たな社会的価値を生み出そうとする取り組みである。

4　メディア研究におけるジェンダー概念の重み

旧来のメディア論で問題にしてきた日本のメディア企業は、今ではプラットフォームのユーザーの一員に過ぎない。日本のテレビキー局や全国紙の売り上げは、グローバルＩＴ企業の一〇〇分の一程度でしかない。たとえば、二〇二一年のGoogleの売り上げは二五七六億ドル、すなわち約三六兆円であるのに対して、二〇二〇年の読売新聞社売り上げは三〇六〇億円である。メディア企業だけでなく、政府、国際機関、大学、民間企業、芸能人、そして私たち一人ひとりが、ユーザーであり顧客となっている。グローバルＩＴ企業は今、その財政規模と権力、そして秘密主義において「世界でもっとも大きい専制国家」にもたとえられるほど（LaFrance 2021）、強大な影響力を発揮している。

デジタル情報テクノロジーについて、現時点で悲観的な診断を下さざるをえない部分が多いとはいえ、他方で、本書でも取り上げた通り、インターネットによってこれまで伝統的メディアからは除外されてきた女性やマイノリティたちがつながり、活動し、声を上げることができるようになった。つまり、デジタル技術は、世界中の女性やマイノリティたちが共通の課題を発見し、オンライン上でつながる集合行動である「コネクティブ・アクション（connective action）」（Bennett & Segerberg 2012）を可能にしてくれる手段でもある。ネット社会でアテンション・エコノミーが強化されていく一方で、ネットは、女性やマイノリティにエンパワメントと民主主義を想起させる概念でもある。今、ほとんど抗うことができなくなっているデジタル情報化の流れに、建設的で批判的な視点を提供するという意味でも、「ジェンダー」はメディア研究にとって今後、一層欠かせない概念であり続けることは間違いない。本書が提案する〈ジェンダーから考えるメディア研究〉の視点を通して、以上のようなデジタル情報化の光と影をさらに解明していかなければならない。

（林　香里）

2022/11/27 閲覧）
Schomberg, R. (2013) A Vision of Responsible Research and Innovation, in Owen, R., Bessant, J. and Heintz, M. (eds.) *Responsible Innovation*, John Wiley.
Zelizer, B. (2004) When Facts, Truth, and Reality Are God-Terms: On Journalism's Uneasy Place in Cultural Studies, in *Communication and Critical/Cultural Studies*, 1(1).

Eriksen, T. H. ([1993]2002=2006) *Ethnicity and Nationalism: Anthropological Perspectives*, 2nd edition, Pluto Press.（鈴木清史訳『エスニシティとナショナリズム——人類学的視点から』明石書店）

Gellner, E. (1983=2000) *Nations and Nationalism*, Blackwell.（加藤節監訳『民族とナショナリズム』岩波書店）

Isajiw, W. W. (1974=1996) Definitions of Ethnicity, in *Ethnicity*, 1(2).（有吉真弓・藤井衣吹・中村恭子訳「さまざまなエスニシティ定義」青柳まちこ編・監訳『「エスニック」とは何か——エスニシティ基本論文選』新泉社）

Park, R. E. ([1922]1970) *The Immigrant Press and Its Control*, Greenwood Press.

Romero, M. (2018) *Introducing Intersectionality*, Polity.

Sollors, W. (ed.) (1989) *The Invention of Ethnicity*, Oxford University Press.

王君琦（2018）「再思自我再現作為培力的方法：以花蓮新移民女性紀錄影像工作坊為例」『女學學誌：婦女與性別研究 』42。

洪仲志（2014）『夾縫中的美麗與哀愁 原住民婦女的生命歷程與回響』東華大學民族發展與社會工作系修士論文。

孫嘉穗（2013）「原住民媒介逸失的女性身影」『性別平等教育季刊』64。

————（2016）「原住民新聞中的性別與族群議題」『女學學誌：婦女與性別研究』38。

蔡芬芳（2016）「性別族群與客家研究」『女學學誌：婦女與性別研究』39。

謝欣芩（2020）「空間越界與多重身份：當代台灣紀錄片中新移民女性的家庭實踐」『女學學誌：婦女與性別研究』46。

［終　章］

情報サービス産業協会（2021）「2020 年版情報サービス産業 基本統計調査」（https://www.jisa.or.jp/Portals/0/report/basic2020.pdf, 2022/11/27 閲覧）

Aral, S. (2020=2022) *The Hype Machine: How Social Media Disrupts Our Elections, Our Economy, and Our Health--and How We Must Adapt*, Currency.（『デマの影響力——なぜデマは真実よりも速く，広く，力強く伝わるのか？』夏目大訳，ダイヤモンド社）

Bennett, L. and Segerberg, A. (2012) The Logic of Connective Action: Digital Media and the Personalization of Contentious Politics, in *Information, Communication & Society*, 15.

LaFrance, A. (2021). The Largest Autocracy on Earth, in *The Atlantic*, September 27, 2021.（https://www.theatlantic.com/magazine/archive/2021/11/facebook-authoritarian-hostile-foreign-power/620168/, 2022/11/27 閲覧）

OECD (2022) *Education at a Glance 2022*, OECD.

Reuters Graphics (2017) Dominated by men.（https://fingfx.thomsonreuters.com/gfx/rngs/AMAZON.COM-JOBS-AUTOMATION/010080Q91F6/index.html,

づほ訳『ポルノグラフィ——女を所有する男たち』青土社）
———— (1987=1989) *Intercourse*, The Free Press.（寺沢みづほ訳『インターコース——性的行為の政治学』青土社）
Fausto-Sterling, A. (2012=2018) *Sex/Gender: Biology in a Social World*, Routledge.（福富護他訳『セックス／ジェンダー——性分化をとらえ直す』世織書房）
Foucault, M. (1976=1986) *Histoire de la sexualité, Vol.1: La volonté de savoir*, Gallimard.（渡辺守章訳『性の歴史Ⅰ 知への意志』新潮社）
Mulvey, L. (1975=1998) Visual Pleasure and Narrative Cinema, in *Screen* 16 (3).（斉藤綾子訳「視覚的快楽と物語映画」岩本憲児・武田潔・斉藤綾子編『新映画理論集成① 歴史／人種／ジェンダー』フィルムアート社）
Sedgwick, E.K. (1985=2001) *Between Men: English Literature and Male Homosocial Desire*, Columbia University Press.（上原早苗・亀澤美由紀訳『男同士の絆——イギリス文学とホモソーシャルな欲望』名古屋大学出版会）

［第 13 章］

小内　透（2001）「階級・ジェンダー・エスニシティと社会的不平等」笹谷春美・小内透・吉崎祥司編『階級・ジェンダー・エスニシティ——21 世紀の社会学の視角』中央法規。
清水晶子（2021）「「同じ女性」ではないことの希望——フェミニズムとインターセクショナリティ」岩渕功一編『多様性との対話——ダイバーシティ推進が見えなくするもの』青弓社。
テッサ・モーリス=スズキ（2002）『批判的想像力のために——グローバル化時代の日本』平凡社。
藤高和輝（2020）「インターセクショナル・フェミニズムから／へ」『現代思想』48(4)。
町村敬志（1994）「エスニック・メディアの歴史的変容——国民国家とマイノリティの 20 世紀」『社会学評論』44(4)。
林　怡蓤（2014）『台湾のエスニシティとメディア——統合の受容と拒絶のポリティクス』立教大学出版会。
Collins, P.H. and Bilge, S. (2020=2021) *Intersectionality*, 2nd edition, Polity.（小原理乃訳『インターセクショナリティ』人文書院）
Crenshaw, K. (1989) Demarginalizing the Intersection of Race and Sex: A Black Feminist Critique of Antidiscrimination Doctrine, Feminist Theory and Antiracist Politics, in *University of Chicago Legal Forum*, 1.
Crenshaw, K., Gotanda, N., Peller, G. and Thomas, K. (eds.) (1996) *Critical Race Theory: The Key Writings that Formed the Movement*, The New Press.
Collins, P. H. (2019) *Intersectionality as Critical Social Theory*, Duke University Press.

ンス・カルチャー――ファンとメディアがつくる参加型文化』晶文社）
Ross, K. and Nightingale, V. (2003=2007) *Media and Audiences: New Perspectives*, Open University Press UK.（児島和人・高橋利枝・阿部潔訳『メディアオーディエンスとは何か』新曜社）
서정민（2018）「김시스터즈가 방탄소년단을 만날 때」『한겨레』2018年5月29日（ソ・ジョンミン「キム・シスターズが防弾少年団に会うとき」『ハンギョレ』）。（http://www.hani.co.kr/arti/culture/culture_general/846687.html, 2022/4/30 閲覧）

［第12章］

青山　薫（2021）「性的なことは政治的 The Sexual is Political――市場・国家・宗教・人権・生存を問う「LGBT」」日下渉・伊賀司・青山薫・田村慶子編『東南アジアと「LGBT」の政治――性的少数者をめぐって何が争われているのか』明石書店。

石田　仁（2019）『はじめて学ぶLGBT――基礎からトレンドまで』ナツメ社。

風間　孝（2018）「はしがき」風間孝・河口和也・守如子・赤枝香奈子『教養のためのセクシュアリティ・スタディーズ』法律文化社。

国広陽子・斉藤慎一（2012）「メディアとジェンダー研究」国広陽子・東京女子大学女性学研究所編『メディアとジェンダー』勁草書房。

斉藤綾子（1998）「Feminism ―フェミニズム　解説」岩本憲児・武田潔・斉藤綾子編『新映画理論集成① 歴史／人種／ジェンダー』フィルムアート社。

性の健康世界学会（WAS）「性の権利宣言」邦訳版。（https://worldsexualhealth.net/wp-content/uploads/2014/10/DSR-Japanese.pdf, 2022/11/10/ 閲覧）

堀あきこ（2009）『欲望のコード――マンガにみるセクシュアリティの男女差』臨川書店。

――――（2019）「『彼らが本気で編むときは，』におけるトランス女性の身体表象と〈母性〉」『人権問題研究』16。

堀あきこ・守如子編（2020）『BLの教科書』有斐閣。

松岡宗嗣（2021）「バラエティー番組の暴力性――性的マイノリティをめぐる表現から」青弓社編集部編『「テレビは見ない」というけれど――エンタメコンテンツをフェミニズム・ジェンダーから読む』青弓社。

三宅大二郎・平森大規（2021）「日本におけるアロマンティック／アセクシュアル・スペクトラムの人口学的多様性――「Aro/Ace調査2020」の分析結果から」『人口問題研究』77(2)。

Butler, J. (1990=1999) *Gender Trouble: Feminism and the Subversion of Identity*, Routledge.（竹村和子訳『ジェンダー・トラブル――フェミニズムとアイデンティティの攪乱』青土社）

Dworkin, A. (1979=1991) *Pornography: Men Possessing Women*, E. P. Dutton.（寺沢み

シン・ヒョンジュン（2010）「韓流ポップの現状」井上貴子編『アジアのポピュラー音楽――グローバルとローカルの相克』勁草書房。
CINRA.NET 編集部（2018）「韓国の女性アイドルがフェミニズム小説を読んで「炎上」 渦中の作品とは」『CINRA』2018 年 3 月 26 日。（https://www.cinra.net/article/column-201803-redvelvet, 2022/4/30 閲覧）
竹中夏海（2015）『アイドル＝ヒロイン』ポット出版。
辰巳 JUNK（2020）「BTS ファンが抗議デモに 1 億円寄付　米メディアも絶賛する K-POP オタクの統率力――「ファン・アクティビズム」の功績と課題」『文春オンライン』2020 年 6 月 19 日。（https://bunshun.jp/articles/-/38486, 2022/4/30 閲覧）
DJ 泡沫（2020）「“日プ” & “虹プロ” 人気，『愛の不時着』ヒット……韓流ブームは単発では終わらないものに 「第 4 次」に至るまでを解説」『Real Sound』2020 年 11 月 16 日。（https://realsound.jp/2020/11/post-655430.html, 2022/4/30 閲覧）
林　香里（2005）『「冬ソナ」にハマった私たち――純愛，涙，マスコミ…そして韓国』文春新書。
古家正亨（2007）「K-POP」小倉紀蔵・小針進編『韓流ハンドブック』新書館。
毛利嘉孝（2004）「『冬のソナタ』と能動的ファンの文化実践」毛利嘉孝編『日式韓流――『冬のソナタ』と日韓大衆文化の現在』せりか書房。
吉光正絵（2012）「K-POP にはまる「女子」たち――ファン集団から見えるアジア」馬場伸介・池田太臣編『「女子」の時代！』青弓社。
――――（2018a）「K-POP ファンダムの社会学――日本の女性たちの「遊び」の変遷」『ユリイカ』50(15)。
――――（2018b）「送り手とファンの相互作用―― K-POP の女性ファン文化」『新社会学研究』3。
Brabazon, T. (2012) *Popular Music: Topics, Trends and Trajectories*, Sage.
Ehrenreich, B., Hess, E. and Jacobs, G. (1992) Beatlemania: Girls just want to have fun, in Lewis, L.A. (ed.) *The Adoring Audience: Fan Culture and Popular Media*, Routledge.
Fiske, J. (1992) The Cultural Economy of Fandom, in Lewis, L.A. (ed.) *The Adoring Audience: Fan Culture and Popular Media*, Routledge.
――――（1989=1998）*Reading the Popular*, Unwin Hyman.（山本雄二訳『抵抗の快楽――ポピュラーカルチャーの記号論』世界思想社）
Grossberg, L. (1992) Is there a Fan in the House?: The Affective Sensibility of Fandom, in Lewis, L. A. (ed.) *The Adoring Audience: Fan Culture and Popular Media*, Routledge.
Jenkins, H. (2006=2021) *Convergence Culture: Where Old and New Media Collide*, New York University Press.（渡部宏樹・北村紗衣・阿部康人訳『コンヴァージェ

『ヒップホップ・アナムネーシス――ラップ・ミュージックの救済』新教出版社。

田中東子（2020）「感じのいいフェミニズム？――ポピュラーなものをめぐる，わたしたちの両義性」『現代思想』48(4)。

田中東子・山本敦久・安藤丈将編（2017）『出来事から学ぶカルチュラル・スタディーズ』ナカニシヤ出版。

中村すえこ（2008）『紫の青春――恋と喧嘩と特攻服』ミリオン出版。

――――（2020）『女子少年院の少女たち――「普通」に生きることがわからなかった』さくら舎。

なみちえ（2020）「私を手玉に取る“肌色”の手」『現代思想』48(13)。

難波功士（2007）『族の系譜学――ユース・サブカルチャーズの戦後史』青弓社。

山本敦久（2017）「出来事，支配，抵抗」田中東子・山本敦久・安藤丈将編『出来事から学ぶカルチュラル・スタディーズ』ナカニシヤ出版。

ヤンキーメイト制作委員会編著（2020）『ヤンキーメイト』ギャンビット。

McRobbie, A. and Nava, M. (1984), *Gender and Generation*, Macmillan.

Willis, P. (1977=1996) *Learning to Labour: How Working Class Kids Get Working Class Jobs*, Saxon House.（熊沢誠・山田潤訳『ハマータウンの野郎ども』筑摩書房）

Young, J.(1999=2007) *The Exclusive Society: Social Exclusion, Crime and Difference in Late Modernity*, Sage Publications.（青木秀男・伊藤泰郎・岸政彦・村澤真保呂訳『排除型社会――後期近代における犯罪・雇用・差異』洛北出版）

［第 11 章］

AERA（2002）「K-POP にハマった　韓国アイドルを追う女たち」『AERA』2002 年 9 月 16 日号。

岩渕功一（2011）「テレビ文化が育む東アジアの対話」岩渕功一編『対話としてのテレビ文化――日・韓・中を架橋する』ミネルヴァ書房。

喜多満里花（2020）「K-POP は誰のものか？――文化コンテンツの越境，ポピュラー音楽のジャンル，ファン文化」石田佐恵子・岡井崇之編『基礎ゼミ　メディアスタディーズ』世界思想社。

金　美林（2013）『韓国映像コンテンツ産業の成長と国際流通――規制から支援政策へ』慶応義塾大学出版会。

倉本さおり（2019）「日本の読者が K 文学に見つけたもの」タバブックス編『韓国フェミニズムと私たち』タバブックス。

ぐるなびデータライブラリ編集部「第 4 次韓流ブームはステイホームの産物だった！…からの，次に流行る韓国グルメはこれだ」『みんなのごはん』2020 年 12 月 5 日。（https://r.gnavi.co.jp/g-interview/entry/gohan/5125, 2022/4/30 閲覧）

城西国際大学ジェンダー・女性学研究所（2006）『ジェンダーで読む〈韓流〉文化の現在』現代書館。

Appraisal and Meta-Analysis, in *Annals of the International Communication Association*, 20(1).
Pingree, S. (1978) The Effects of Nonsexist Commercials and Perceptions of Reality on Children's Attitudes about Women, in *Psychology of Women Quarterly*, 2(3).
Saito, S. (2007) Television and the Cultivation of Gender-Role Attitudes in Japan: Does Television Contribute to the Maintenance of the Status Quo?, in *Journal of Communication*, 57(3).

［第 10 章］

『朝日新聞デジタル』(2021)「解きほぐす「うっせぇわ」の気分　私たちは怒っている」2021 年 4 月 22 日。(https://www.asahi.com/articles/ASP4P4HD8P42UPQJ003.html, 2021/7/17 閲覧)

荒井悠介（2009）『ギャルとギャル男の文化人類学』新潮新書。

────（2021）「Gathering 文化から Sharing 文化へ──渋谷センター街のギャル・ギャル男トライブの変遷」木村絵里子・轡田竜蔵・牧野智和編『場所から問う若者文化──ポストアーバン化時代の若者論』晃洋書房。

伊奈正人（1999）『サブカルチャーの社会学』世界思想社。

岩渕功一編（2021）『多様性との対話──ダイバーシティ推進が見えなくするもの』青弓社。

遠藤知巳編（2010）『フラット・カルチャー──現代日本の社会学』せりか書房。

小笠原博毅（2019）『真実を語れ，そのまったき複雑性において──スチュアート・ホールの思考』新泉社。

河合優子編（2016）『交錯する多文化社会──異文化コミュニケーションを捉え直す』ナカニシヤ出版。

川端浩平（2020）『排外主義と在日コリアン──互いを「バカ」と呼び合うまえに』晃洋書房。

菊地夏野（2019）『日本のポストフェミニズム──「女子力」とネオリベラリズム』大月書店。

斎藤真理子責任編集（2019）『韓国・フェミニズム・日本』河出書房新社。

佐藤郁哉（1984）『暴走族のエスノグラフィー──モードの叛乱と文化の呪縛』新曜社。

関根麻里恵（2020）「「ギャル（文化）」と「正義」と「エンパワメント」──『GALS！』に憧れたすべてのギャルへ」『現代思想』48(4)。

高橋　幸（2020）「2010 年代ファッショナブル・フェミニズムの到達点と今後の展望──ポストフェミニストと新しいフェミニストの対立を越えて」『現代思想』48(4)。

田島ハルコ（2021）「かけがえのないリアルを失わず変身する」山下壮起・二木信編

Bandura, A. (1986) *Social Foundations of Thought and Action: A Social Cognitive Theory*, Prentice Hall.

Bussey, K. and Bandura, A. (1999) Social Cognitive Theory of Gender Development and Differentiation, in *Psychological Review*, 106(4).

Carveth, R. and Alexander, A. (1985) Soap Opera Viewing Motivations and the Cultivation Process, in *Journal of Broadcasting and Electronic Media*, 29(3).

Ex, C.T.G.M., Janssens, J.M.A.M. and Korzillius, H.P.L.M. (2002) Young Females' Images of Motherhood in Relation to Television Viewing, in *Journal of Communication*, 52(4).

Frueh, T. and McGhee, P.E. (1975) Traditional Sex Role Development and Amount of Time Spent Watching Television, in *Developmental Psychology*, 11(1).

Gerbner, G. and Gross, L. (1976) Living with Television: The Violence Profile, in *Journal of Communication*, 26(2).

Gerbner, G., Gross, L., Morgan, M. and Signorielli, N. (1980) The "Mainstreaming" of America: Violence Profile No. 11, in *Journal of Communication*, 30(3).

Gerbner, G., Gross, L., Morgan, M., Signorielli, N. and Shanahan, J. (2002) Growing up with Television: Cultivation Processes, in Bryant, J. and Zillmann, D. (eds.) *Media Effects: Advances in Theory and Research*, 2nd edition, Erlbaum.

Giaccardi, S., Ward, L.M., Seabrook, R.C., Manago, A. and Lippman, J. (2016) Media and Modern Manhood: Testing Associations between Media Consumption and Young Men's Acceptance of Traditional Gender Ideologies, in *Sex Roles*, 75.

GMMP (2020) Who Makes the News? 6th Global Media Monitoring Project.（https://whomakesthenews.org/wp-content/uploads/2021/11/GMMP2020.ENG_.FINAL_.pdf, 2022/3/14 閲覧）

Hermann, E., Morgan, M. and Shanahan, J. (2021) Television, Continuity, and Change: A Meta-Analysis of Five Decades of Cultivation Research, in *Journal of Communication*, 71(4).

Jennings-Walstedt, J., Geis, F.L. and Brown, V. (1980) Influence of Television Commercials on Women's Self-Confidence and Independent Judgment, in *Journal of Personality and Social Psychology*, 38(2).

Lippmann, W. (1922=1987) *Public Opinion*, Macmillan.（掛川トミ子訳『世論（上・下）』岩波文庫）

McGarty, C., Yzerbyt, V. Y. and Spears, R. (2002=2007) *Stereotypes as Explanations: The Formation of Meaningful Beliefs about Social Groups*, Cambridge University Press.（国広陽子監修，有馬明恵・山下玲子監訳『ステレオタイプとは何か――「固定観念」から「世界を理解する“説明力”」へ』明石書店）

Morgan, M. and Shanahan, J. (1997) Two Decades of Cultivation Research: An

返し夜逃げの過去」2021 年 3 月 11 日。(https://www.news-postseven.com/archives/20210311_1642398.html?DETAIL, 2021/4/9 閲覧)

浜田敬子・竹下郁子 (2019)「ネットミソジニー――行き場のない憎しみが女性たちに向かっている」林香里編『足をどかしてくれませんか。――メディアは女たちの声を届けているか』亜紀書房。

林香里・四方由美・北出真紀恵編 (2022)『テレビ番組制作会社のリアリティ――つくり手たちの声と放送の現在』大月書店。

矢島正見 (1991)「犯罪報道の社会学的分析」『犯罪と非行』90。

Liebler, C. M. and Smith, S. J. (1997) Tracking Gender Differences: A Comparative Analysis of Network Correspondents and Their Sources, in *Journal of Broadcasting & Electronic Media*, 41(1).

McCombs, M.E. and Shaw, D.L. (1972=2002) The Agenda-Setting Function of Mass Media, in *Public Opinion Quarterly*, 36(2). (谷藤悦史訳「マス・メディアの議題設定の機能」谷藤悦史・大石裕編訳『リーディングス政治コミュニケーション』一藝社)

Tuchman, G. (1978=1991) *Making News: A Study in the Construction of Reality*, Free Press. (鶴木眞・櫻内篤子訳『ニュース社会学』三嶺書房)

Weaver, D.H., Graber, D.A., McCombs, M.E. and Eyal, C.H. (1981=1988) *Media Agenda-Setting in a Presidential Election: Issues, Images, and Interest*, Praeger. (竹下俊郎訳『マスコミが世論を決める――大統領選挙とメディアの議題設定機能』勁草書房)

White, D. M. (1950) The "Gate Keeper": A Case Study in the Selection of News, in *Journalism Quarterly*, 27.

[第 9 章]

NHK 文研フォーラム (2022)「プログラム E　テレビのジェンダーバランス――視聴者意識調査・テレビの内容分析から」(https://www.nhk.or.jp/bunken/forum/2022/program.html#programE, 2022/4/16 閲覧)

佐藤　雄 (2022)「女性が召使いに見える ...IKEA の CM が物議。イケア・ジャパンの見解は？」『HUFFPOST』(https://www.huffingtonpost.jp/entry/story_jp_61d5650be4b0c7d8b8a9e44b, 2022/3/10 閲覧)

鈴木淳子 (1996)「若年女性のキャリア選択規定要因に関する縦断的研究――同一組織における就労継続および転職」『心理学研究』67(2)。

瀬地山角 (2020)『炎上 CM でよみとくジェンダー論』光文社新書。

博報堂 (2021)「生活者のメディア環境と情報意識」(https://www.caa.go.jp/policies/council/cepc/meeting_materials_4/assets/consumer_education_203_210129_02.pdf, 2022/3/25 閲覧)

雅編『現代ジャーナリズムを学ぶ人のために〔第2版〕』世界思想社。

日本新聞協会（2021）「調査データ　発行部数」（https://www.pressnet.or.jp/data/circulation/，2022/11/12 閲覧）

長谷川倫子（2016）「日本のマス・メディア」春原昭彦・武市英雄編『ゼミナール日本のマス・メディア［第3版］』日本評論社。

林　香里（2011）『〈オンナ・コドモ〉のジャーナリズム――ケアの倫理とともに』岩波書店。

松井　正（2018）「第1章　新聞　6　新聞社の経営」藤竹暁・竹下俊郎編『図説日本のメディア［新版］――伝統メディアはネットでどう変わるか』NHK 出版。

松元千枝（2020）「はじめに」メディアで働く女性ネットワーク（WiMN）編『マスコミ・セクハラ白書』文藝春秋。

美ノ谷和成（1998）『放送メディアの送り手研究』学文社。

Dayan, D. and Katz, E. (1992=1996) *Media Events: The Live Broadcasting of History*, Harvard University Press.（浅見克彦訳『メディア・イベント――歴史をつくるメディア・セレモニー』青弓社）

［第8章］

大石　裕（2000）「作られるニュース」大石裕・岩田温・藤田真文『現代ニュース論』有斐閣。

小玉美意子（1991）『新訂版　ジャーナリズムの女性観』学文社。

斉藤慎一（2012）「ニュース報道とジェンダー研究」国広陽子・東京女子大学女性学研究所編『メディアとジェンダー』勁草書房。

四方由美（2014）『犯罪報道におけるジェンダー問題に関する研究――ジェンダーとメディアの視点から』学文社。

――――（2021）「ミソジニーはなくせるか――メディアのジェンダー・バイアス解消という課題」『マス・コミュニケーション研究』99。

四方由美・大谷奈緒子・北出真紀恵・小川祐喜子・福田朋実（2018）「犯罪報道の共起ネットワーク分析（1）」『宮崎公立大学人文学部紀要』25(1)。

四方由美・大谷奈緒子・北出真紀恵・小川祐喜子・福田朋実（2019）「犯罪報道の共起ネットワーク分析（2）」『宮崎公立大学人文学部紀要』26(1)。

総務省情報通信政策研究所（2020）「令和元年度　情報通信メディアの利用時間と情報行動に関する調査」（https://www.soumu.go.jp/iicp/research/results/media_usage-time.html, 2021/7/31 閲覧）

『デイリー新潮』（2021）「目黒「アパート不審火事件」容疑者「38歳女」の夫が告白“原因は隣人との浮気”」2021年2月24日。（https://news.yahoo.co.jp/articles/38ca88601ce79863b75278c1e7c66ca91619fada?page=1, 2021/3/2 閲覧）

『NEWS ポストセブン』（2021）「福岡5才児餓死で逮捕されたママ友　借金を繰り

Banet-Weiser, S. (2012) "Free Self-Esteem Tools?", in Mukherjee, R. and Banet-Weiser, S. (eds.) *Commodity Activism: Cultural Resistance in Neoliberal Times (Critical Cultural Communication)*, NYU Press.

——— (2018=2020) Introduction, in *Empowered: Popular Feminism and Popular Misogyny*, Duke University Press.（田中東子訳「エンパワード――ポピュラー・フェミニズムとポピュラー・ミソジニー　イントロダクション」『早稲田文学』2020 年夏号）

Bruns, A. (2008) *Blogs, Wikipedia, Second Life, and Beyond: From Production to Produsage*, Peter Lang.

Fraade-Blanar, Z. and Glazer, A.M. (2017=2017) *Superfandom: How Our Obsessions are Changing What We Buy and Who We Are*, W. W. Norton.（関美和訳『ファンダム・レボリューション―― SNS 時代の新たな熱狂』早川書房）

Gertz, N. (2018=2021) *Nihilism and Technology*, Rowman & Littlefield.（南沢篤花訳『ニヒリズムとテクノロジー』翔泳社）

Gill, R. (2021) Being Watched and Feeling Judged on Social Media, in *Feminist Media Studies*, 21(8).

McRobbie, A. (2020=2022) *Feminism and the Politics of Resilience: Essays on Gender, Media and the End of Welfare*, Polity.（田中東子・河野真太郎訳『フェミニズムとレジリエンスの政治――ジェンダー，メディア，そして福祉の終焉』青土社）

Ritzer, G. (2015) Prosumer Capitalism, in *The Sociological Quarterly*, 56(3).

［第 7 章］

桂敬一（1990）『現代の新聞』岩波新書。

北出真紀恵（2013）「〈テレビ報道の時代〉を生きる」林香里・谷岡理香編『テレビ報道職のワーク・ライフ・アンバランス―― 13 局男女 30 人の聞き取り調査から』大月書店。

小玉美意子（1991）『新訂版　ジャーナリズムの女性観』学文社。

―――（2012）『メジャー・シェア・ケアのメディア・コミュニケーション論』学文社。

四方由美（2018）「ジェンダーとメディア」大井眞二・田村紀雄・鈴木雄雅編『現代ジャーナリズムを学ぶ人のために〔第 2 版〕』世界思想社。

鈴木健二（1995）『戦争と新聞』毎日新聞社。

鈴木雄雅（2016）「マス・コミュニケーションの歴史」春原昭彦・武市英雄編『ゼミナール　日本のマス・メディア　第 3 版』日本評論社。

高木教典（1960）「産業としてのテレビジョン」『新聞学評論』10。

内閣府男女共同参画局（2021）『男女共同参画白書　令和 3 年版』。

中　正樹（2018）「プロフェッショナリズムと客観性」大井眞二・田村紀雄・鈴木雄

渡辺洋子（2019）「SNSを情報ツールとして使う若者たち――「情報とメディア利用」世論調査の結果から（2）」『放送研究と調査』69(5)。

Adrian, S., Skewes, L. and Schwennesen, N. (2018) Introduction to Feminist STS at Work: Challenging Dichotomies and Privileges, in *Women, Gender & Research*, 1.

Corbyn, Z. (2020) Interview Catherine D'Ignazio: 'Data is never a raw, truthful input; and it is never neutral', in *The Guardian*, March 21, 2020.（https://www.theguardian.com/technology/2020/mar/21/catherine-dignazio-data-is-never-a-raw-truthful-input-and-it-is-never-neutral, 2022/11/2 閲覧）

D'Ignazio, C. and Klein, L. F. (2020) *Data Feminism*, The MIT Press.

Gerrard, Y. and Thornham, H. (2020) Content Moderation: Social Media's Sexist Assemblages, in *New Media & Society*, 22(7).

Gutierrez, M. (2021) Algorithmic Gender Bias and Audiovisual Data: A Research Agenda, in *International Journal of Communication*, 15.

Harding, S. (2006=2009) *Science and Social Inequality: Feminist and Postcolonial Issues*, University of Illinois Press.（森永康子訳『科学と社会的不平等――フェミニズム，ポストコロニアリズムからの科学批判』北大路書房）

Opray, M. (2017) Robots May Change the Sex Industry but Could They Replace Intimacy?, in *The Guardian*, April 5, 2017.（https://www.theguardian.com/sustainable-business/2017/apr/05/robots-may-change-the-sex-industry-but-could-they-replace-intimacy, 2022/11/2 閲覧）

Pariser, E. (2011=2012) *The Filter Bubble: What the Internet Is Hiding from You*, Penguin Press.（井口耕二訳『閉じこもるインターネット――グーグル・パーソナライズ・民主主義』早川書房）

STEM Women (2022) Women in STEM Statistics, Jun 22, 2022.（https://www.stemwomen.com/women-in-stem-percentages-of-women-in-stem-statistics, 2022/11/2 閲覧）

Sunstein, C. R.(2001=2003) *Republic.com*, Princeton University Press.（石川幸憲訳『インターネットは民主主義の敵か』毎日新聞社）

Zuboff, S. (2019=2021) *The Age of Surveillance Capitalism: The Fight for a Human Future at the New Frontier of Power*, PublicAffairs.（野中香方子訳『監視資本主義――人類の未来を賭けた闘い』東洋経済新報社）

［第6章］

藤田結子（2022）「メディアにおけるジェンダー表象」井川充雄・木村忠正編『入門メディア社会学』ミネルヴァ書房。

Andrejevic, M. (2008) Watching Television without Pity: The Productivity of Online Fans, *Television & New Media*, 9(1).

リーについての探究』未來社）
Jenkins, H. (2006=2021) *Convergence Culture: Where Old and New Media Collide*, New York University Press.（渡部宏樹・北村紗衣・阿部康人訳『コンヴァージェンス・カルチャー――ファンとメディアがつくる参加型文化』晶文社）
Lee, M. (2019) #MeToo and Broadcast Journalism in South Korea: The Gatekeeping Process of #MeToo, in *Interactions: Studies in Communication & Culture*, 10(3).
Newman, N., Fletcher R., Schulz, A., Andi S., Robertson, C. T. and Nielsen, R. K. (2021) *Reuters Institute Digital News Report 2021,* 10th edition, Reuters Institute for the Study of Journalism.（https://reutersinstitute.politics.ox.ac.uk/sites/default/files/2021-06/Digital_News_Report_2021_FINAL.pdf, 2022/11/15 閲覧）
Pariser, E. (2011=2012) *The Filter Bubble: How the New Personalized Web is Changing What We Read and How We Think*, Penguin Press.（井口耕二訳『閉じこもるインターネット――グーグル・パーソナライズ・民主主義』早川書房）
Rambukkana, N. (ed.) (2015) *Hashtag Publics: The Power and Politics of Discursive Networks*, Peter Lang.
Shirky, C. (2008=2010) *Here Comes Everybody: The Power of Organizing Without Organizations*, Penguin Press.（岩下慶一訳『みんな集まれ！――ネットワークが世界を動かす』筑摩書房）
Sunstein, C.R. (2001=2003) *Republic.com*, Princeton University Press.（石川幸憲訳『インターネットは民主主義の敵か』毎日新聞社）
Thompson, A. (2016) Journalists and Trump voters live in separate online bubbles, MIT analysis shows, in *Vice*, December 8, 2016.（https://www.vice.com/en/article/d3xamx/journalists-and-trump-voters-live-in-separate-online-bubbles-mit-analysis-shows, 2022/5/4 閲覧）
Wardle, C. and Derakhshan, H. (2017) *Information Disorder: Toward an Interdisciplinary Framework for Research and Policy Making, Council of Europe Report*, Council of Europe.（https://rm.coe.int/information-disorder-report-november-2017/1680764666, 2022/5/4 閲覧）

［第5章］

阿部　潔（2019）「ソーシャルメディアはポピュリズムの夢を見るか？――コミュニケーション資本主義の条件」伊藤守編『コミュニケーション資本主義と〈コモン〉の探求――ポスト・ヒューマン時代のメディア論』東京大学出版会。

飯田麻結（2020）「フェミニズムと科学技術――理論的背景とその展望」『思想』1151。

伊藤守編（2019）『コミュニケーション資本主義と〈コモン〉の探求――ポスト・ヒューマン時代のメディア論』東京大学出版会。

小川眞里子（2001）『フェミニズムと科学／技術』岩波書店。

蒲島郁夫・竹下俊郎・芹川洋一（2010）『メディアと政治〔改訂版〕』有斐閣。
ソーシャルメディアラボ（2021）「2021 年 9 月，12 のソーシャル・メディア最新動向データまとめ」（https://gaiax-socialmedialab.jp/post-30833/, 2022/5/4 閲覧）
内閣府男女共同参画局（2022）『共同参画』158 号。（https://www.gender.go.jp/public/kyodosankaku/2022/202208/pdf/202208.pdf, 2022/11/15 閲覧）
日本マスコミ文化情報労組会議（MIC）（2020）「メディアの女性管理職割合調査の結果について」（https://www.union-net.or.jp/mic/pdf/2020_03_06 メディアの女性管理職割合調査の結果について.pdf, 2022/5/4 閲覧）
林　香里（2002）『マスメディアの周縁，ジャーナリズムの核心』新曜社。
———— （2008）「マスメディア・ジャーナリズムを支配する「最大多数の最大幸福」の最大不幸——職業倫理の検討とその刷新の可能性」『論座』158。
————編（2019）『足をどかしてくれませんか。——メディアは女たちの声を届けているか』亜紀書房。
藤代裕之（2019）『ソーシャルメディア論・改訂版——つながりを再設計する』青弓社。
松井広志・岡本健編（2021）『ソーシャルメディア・スタディーズ』北樹出版。
民放労連女性協議会（2021）「全国・在京・在阪　民放テレビ局の女性割合調査　結果報告」2021 年 5 月 24 日。（https://www.minpororen.jp/?p=1815/, 2022/11/15 閲覧）
Allcott, H. and Gentzkow, M. (2017) Social Media and Fake News in the 2016 Election, in *Journal of Economic Perspectives*, 31 (2).
Bennett, W. L. and Segerberg, A. (2013) *The Logic of Connective Action: Digital Media and the Personalization of Contentious Politics*, Cambridge University Press.
Cardon, D. (2010＝2012) *La démocratie Internet: Promesses et limites*, Seuil.（林昌宏・林香里訳『インターネット・デモクラシー——拡大する公共空間と代議制のゆくえ』トランスビュー）
Champagne, P. ([1990]2001=2004) *Faire l'opinion: le nouveau jeu politique*, Éditions de Minuit.（宮島喬訳『世論をつくる——象徴闘争と民主主義』藤原書店）
Dahlgren, P. (2005) The Internet, Public Spheres, and Political Communication: Dispersion and Deliberation, in *Political Communication*, 22(2).
Fraser, N. (1992=1999) Rethinking the Public Sphere: A Contribution to the Critique of Actually Existing Democracy, in Calhoun, C. J. (ed.) *Habermas and the Public Sphere*, MIT Press.（山本啓・新田滋訳「公共圏の再考——既存の民主主義の批判のために」キャルホーン編『ハーバマスと公共圏』未来社）
Habermas, J. ([1962]1990=1994) *Strukturwandel der Öffentlichkeit: Untersuchungen zu einer Kategorie der bürgerlichen Gesellschaft: mit einem Vorwort zur Neuauflage*, Suhrkamp.（細谷貞雄・山田正行訳『公共性の構造転換——市民社会の一カテゴ

Barker, C. (2008) *Cultural Studies: Theory and Practice*, 3rd edition, Sage.

Bennett, T., Grossberg, L. and Morris, M. (2005) *New Keywords: A Revised Vocabulary of Culture and Society*, Blackwell.

Berger, P. L. and Luckmann, T. (1966=2003) *The Social Construction of Reality: A Treatise in the Sociology of Knowledge*, Doubleday.（山口節郎訳『現実の社会的構成――知識社会学論考』新曜社）

BuzzFeedNews（2016）「賛否呼んだ「うなぎ美少女飼育」動画を削除 市長がホームページで謝罪」（https://www.buzzfeed.com/jp/tatsunoritokushige/unagibisyojo, 2021/10/1 閲覧）

Cornell, D. (2009=2011) *Clint Eastwood and Issues of American Masculinity*, Fordham University Press.（吉良貴之・仲正昌樹監訳『イーストウッドの男たち――マスキュリニティの表象分析』御茶の水書房）

Gill, R. (2007) *Gender and the Media*, Polity.

Hall, S. (1982=2002) The Rediscovery of "Ideology": Return of the Repressed in Media Studies, in Gurevitch, M., Bennet, T., Curran, J. and Woollacott, J. (eds.) *Culture, Society and the Media*, Routledge.（藤田真文訳「「イデオロギー」の再発見――メディア研究における抑圧されたものの復活」谷藤悦史・大石裕編訳『リーディングス政治コミュニケーション』一藝社）

Hall, S. (ed.)(1997) *Representation: Cultural Representations and Signifying Practices*, Sage.

Haslanger, S. (2012) On Being Objective and Being Objectified, in *Resisting Reality: Social Construction and Social Critique*, Oxford University Press.

Hodkinson, P. (2011=2016) *Media, Culture and Society: An Introduction*, Sage.（土屋武久訳『メディア文化研究への招待――多声性を読み解く理論と視点』ミネルヴァ書房）

Mason, E. (2021) *Feminist Philosophy: An Introduction*, Routledge.

Nussbaum, M. C. (1995) Objectification, in *Philosophy and Public Affairs*, 24 (4).

Williams, R. ([1976]1983=2002) *Keywords: a Vocabulary of Culture and Society*, Harper Collins.（椎名美智・武田ちあき・越智博美・松井優子訳『完訳キーワード辞典』平凡社）

［第 4 章］

李　美淑（2019）「「殻」を破ろうとする韓国の女性たち――消される「声」に抗して」林香里編『足をどかしてくれませんか。――メディアは女たちの声を届けているか』亜紀書房。

――――（2021）「メディア界の構造的性差別の解消は？「ジェンダー」がメディアに頻繁に登場　記事件数増に性差別是正の意欲感じる」『週刊金曜日』1336。

花田達朗（1996）『公共圏という名の社会空間――公共圏，メディア，市民社会』木鐸社。
林　香里（2011）『〈オンナ・コドモ〉のジャーナリズム――ケアの倫理とともに』岩波書店。
――――（2014）「ポスト・マスメディア時代の“ジャーナリズム”研究――デジタル化時代における「公共圏の構造転換」の可能性とリスク」伊藤守・毛利嘉孝編『アフター・テレビジョン・スタディーズ』せりか書房。
――――（2017）『メディア不信――何が問われているのか』岩波新書。
前田健太郎（2019）『女性のいない民主主義』岩波新書。
Cardon, D. (2010=2012) *La démocratie Internet: Promesses et limites*, Seuil.（林昌宏・林香里訳『インターネット・デモクラシー――拡大する公共空間と代議制のゆくえ』トランスビュー）
Fraser, N. (1992=1999) Rethinking the Public Sphere: A Contribution to the Critique of Actually Existing Democracy, in Calhoun, C. J. (ed.) *Habermas and the Public Sphere*, MIT Press.（山本啓・新田滋訳「公共圏の再考――既存の民主主義の批判のために」キャルホーン編『ハーバマスと公共圏』未来社）
Habermas, J. ([1962]1990=1994) *Strukturwandel der Öffentlichkeit: Untersuchungen zu einer Kategorie der bürgerlichen Gesellschaft: mit einem Vorwort zur Neuauflage*, Suhrkamp.（細谷貞雄・山田正行訳『公共性の構造転換――市民社会の一カテゴリーについての探究』未來社）
Habermas, J. (1992) *Faktizität und Geltung. Beiträge zur Diskurstheorie des Rechts und des demokratischen Rechtsstaats*, Suhrkamp.
Jamieson, K. H. and Cappella, J. N. (2008) *Echo Chamber: Rush Limbaugh and the Conservative Media Establishment*, Oxford University Press.
Pariser, E. (2011=[2012]2016) *The Filter Bubble: How the New Personalized Web Is Changing What We Read and How We Think*, Penguin Press.（井口耕二訳『フィルターバブル――インターネットが隠していること』早川書房）
Shirky, C. (2008=2010) *Here Comes Everybody: The Power of Organizing Without Organizations*, Penguin.（岩下慶一訳『みんな集まれ！――ネットワークが世界を動かす』筑摩書房）

［第３章］

小宮友根（2019）「炎上繰り返すポスター，CM …「性的な女性表象」の何が問題なのか」『現代ビジネス』（https://gendai.ismedia.jp/articles/-/68864, 2021/10/1 閲覧）
内閣府男女共同参画局（2018）『男女共同参画白書　平成 30 年版』。
日本マスコミ文化情報労組会議（MIC）（2020）「メディアの女性管理職割合調査の結果について」（https://www.minpororen.jp/?p=1532, 2021/10/1 閲覧）

引用・参考文献

［序　章］

Beauvoir, S. de (1949=2001) *Le deuxième sexe (Tome 2 L'expérience vécue)*, Gallimard.（『第二の性』を原文で読み直す会訳『第二の性 2 体験』新潮文庫）

Butler, J. (1990=2018) *Gender Trouble: Feminism and the Subversion of Identity*, Routledge.（竹村和子訳『ジェンダー・トラブル　新装版――フェミニズムとアイデンティティの攪乱』青土社）

［第 1 章］

芦部信喜（2019）『憲法　第七版』岩波書店。

阪口正二郎（2017）「表現の自由はなぜ大切か」阪口正二郎・毛利透・愛敬浩二編『なぜ表現の自由か――理論的視座と現況への問い』法律文化社。

志田陽子（2017）「表現内容に基づく規制」阪口正二郎・毛利透・愛敬浩二編『なぜ表現の自由か――理論的視座と現況への問い』法律文化社。

瀬地山角（2020）『炎上 CM でよみとくジェンダー論』光文社新書。

萩原久美子（2006）『迷走する両立支援――いま，子どもをもって働くということ』太郎次郎社エディタス。

師岡康子（2013）『ヘイト・スピーチとは何か』岩波新書。

Bleich, E. (2011=2014) *The Freedom to be Racist?: How the United States and Europe Struggle to Preserve Freedom and Combat Racism*, Oxford University Press.（明戸隆浩・池田和弘・河村賢・小宮友根・鶴見太郎・山本武秀訳『ヘイトスピーチ――表現の自由はどこまで認められるか』明石書店）

MacKinnon, C. A. (1987 = 1993) *Feminism Unmodified: Discourses on Life and Law*, Harvard University Press.（奥田暁子・加藤春恵子・鈴木みどり・山崎美佳子訳『フェミニズムと表現の自由』明石書店）

Nussbaum, M. C. (1995) Objectification, in *Philosophy & Public Affairs*, 24 (4).

［第 2 章］

落合恵美子（2019）「親密圏と公共圏の構造転換――ハーバーマスをこえて」『思想』1140。

齋藤純一（2000）『公共性』岩波書店。

――――（2020）『政治と複数性――民主的な公共性にむけて』岩波現代文庫。

長谷川公一（2003）『環境運動と新しい公共圏――環境社会学のパースペクティブ』有斐閣。

〔た行〕

〔な行〕

〔は行〕

〔ま行〕

事　　項

索　引

人　名

執筆者紹介

（現職　専門分野）

田中東子（たなか　とうこ）　序章・第３章・第６章
奥付の編者紹介を参照

小宮友根（こみや　ともね）　第１章
東北学院大学准教授　社会学，ジェンダー論，エスノメソドロジー／会話分析

林　香里（はやし　かおり）　第２章・終章
奥付の編者紹介を参照

李　美淑（い　みすく）　第４章
東京大学大学院情報学環准教授　ジャーナリズム研究，メディア研究

阿部　潔（あべ　きよし）　第５章
関西学院大学社会学部教授　社会学，カルチュラル・スタディーズ

北出真紀恵（きたで　まきえ）　第７章
東海学園大学人文学部教授　社会学・メディア論

四方由美（しかた　ゆみ）　第８章
宮崎公立大学人文学部教授　メディアとジェンダー

有馬明恵（ありま　あきえ）　第９章
東京女子大学現代教養学部教授　社会心理学，メディア・コミュニケーション研究

川端浩平（かわばた　こうへい）　第 10 章
津田塾大学学芸学部准教授　社会学，カルチュラル・スタディーズ，日本研究（Japan Studies）

吉光正絵（よしみつ　まさえ）　第 11 章
長崎県立大学国際社会学部准教授　社会学

堀あきこ（ほり　あきこ）　第 12 章
関西大学他非常勤講師　ジェンダー・セクシュアリティ，メディア文化

林　怡蓉（りん　いーしぇん）　第 13 章
立教大学社会学部教授　マスメディア研究，オルタナティブ・ジャーナリズム研究

編者紹介

林　香里（はやし　かおり）
東京大学大学院情報学環教授。専門はジャーナリズム・メディア研究。
主著：『メディア不信――何が問われているのか』（岩波書店，2017年），『〈オンナ・コドモ〉のジャーナリズム――ケアの倫理とともに』（岩波書店，2011年），『テレビ番組制作会社のリアリティ――つくり手たちの声と放送の現在』（共編著，大月書店，2022年），『足をどかしてくれませんか。――メディアは女たちの声を届けているか』（編著，亜紀書房，2019年）。

田中東子（たなか　とうこ）
東京大学大学院情報学環教授。専門はメディア文化論，カルチュラル・スタディーズ，フェミニズム。
主著：『メディア文化とジェンダーの政治学――第三波フェミニズムの視点から』（世界思想社，2012年），『ガールズ・メディア・スタディーズ』（編著，北樹出版，2021年），『いいね！ボタンを押す前に――ジェンダーから見るネット空間とメディア』（共著，亜紀書房，2023年），『フェミニズムとレジリエンスの政治――ジェンダー，メディア，そして福祉の終焉』（マクロビー著，共訳，青土社，2022年），『出来事から学ぶカルチュラル・スタディーズ』（共編著，ナカニシヤ出版，2017年）。

ジェンダーで学ぶメディア論

2023年3月20日　第1刷発行　　定価はカバーに表示しています

編者　林　香里
　　　田中東子
発行者　上原寿明

世界思想社
京都市左京区岩倉南桑原町56　〒606-0031
電話 075(721)6500
振替 01000-6-2908
http://sekaishisosha.jp/

ISBN978-4-7907-1778-2